中国文化经纬

中国古代婚俗文化

向仍旦 著

中国书籍出版社
China Book Press

图书在版编目（CIP）数据

中国古代婚俗文化/向仍旦著.—北京：中国书籍出版社，2014.5
ISBN 978-7-5068-4113-9

Ⅰ.①中… Ⅱ.①向… Ⅲ.①婚姻—风俗习惯—中国—古代 Ⅳ.①K892.22

中国版本图书馆 CIP 数据核字（2014）第 062294 号

中国古代婚俗文化

向仍旦 著

责任编辑	卢安然　成晓春
责任印制	孙马飞　马 芝
封面设计	汉石美迪
出版发行	中国书籍出版社
地　　址	北京市丰台区三路居路 97 号（邮编：100073）
电　　话	（010）52257143（总编室）（010）52257140（发行部）
电子邮箱	eo@chinabp.com.cn
经　　销	全国新华书店
印　　刷	三河顺兴印务有限公司
开　　本	635 毫米×970 毫米　1/16
字　　数	182 千字
印　　张	11.5
版　　次	2015 年 12 月第 1 版　2015 年 12 月第 1 次印刷
书　　号	ISBN 978-7-5068-4113-9
定　　价	30.00 元

版权所有　翻印必究

《中国文化经纬》系列丛书
编委会

顾问 汤一介 杨 辛 李学勤 庞 朴
　　　 王 尧 余敦康 孙长江 乐黛云

主编 王守常

编委（按姓氏笔画为序）
　　　 王 平 王小甫 王守常 邓小楠
　　　 乐黛云 江 力 刘 东 许抗生
　　　 朱良志 孙尚扬 李中华 陈平原
　　　 陈 来 林梅村 徐天进 魏常海

总　序

二十世纪三十年代，陈寅恪先生在冯友兰《中国哲学史》下册的《审查报告》中说："窃疑中国自今日以后，即使能忠实输入北美或东欧之思想，其结局当亦等于玄奘唯识之学，在吾国思想史上既不能居最高之地位，且亦终归于歇绝者。其真能于思想上自成系统，有所创获者，必须一方面吸收输入外来之学说，一方面不忘本来民族之地位。此二种相反而适相成之态度，乃道教之真精神，新儒家之旧途径，而二千年吾民族与他民族思想接触史之所昭示者也。"今天读陈先生的话，感慨良多。先生所言之义：佛教传入中国，其教义与中国思想观念制度无一不相冲突。然印度佛教在近千年的传播过程中不断调适，亦经国人改造接受，终成中国之佛教。这足以告知我们外来思想与中国本土思想能够融合、始相反终相成之原因，在于"必须一方面吸收输入外来之学说，一方面不忘本来民族之地位"。这就是我们经常讲的,当下中国文化必须"返本开新"。如有其例外者,则是"忠实输入不改本来面目者,若玄奘唯识之学,虽震荡一时之人心,而卒归于消沉歇绝"。

我以为近代中国落后于西方,不应简单视为文化落后,而是二千多年的农业文明在十八世纪已经无法比肩欧洲工业文明之生产效率与市场资源的合理配置,由此社会政治、国家管理制度也纰漏丛生。由是而观当下之中国,体制改革刻不容缓,而从五四时代以来的文化批判也需深刻反思。启蒙运动对传统文化的批评固然有时代需求,未经理性拷问的传统文化无法随时代而重生。但"五四运动"的先贤们也犯了"理性科学的傲慢",他们认为旧的都是糟粕,新的都是精华,以二元对立的思考将传统与现代对峙而观,无视传统文化在代际之间促成了代与代的连续性与同一性,从而形成了一个社会再创造自己的文化基因。美国学者席尔思写了一部书《论传统》,他说:传统是围绕人类的不同活动领域而形成的代代相传的行为方式,是一种对社会行为具有规范作用和道德感召力的文化力量,同时也是人类在历史长河中的创造性想象的沉淀。因而一个社会不可能完全排除其传统，不可能一切从头开始或完全取而代之以新的传统，而只能在旧传统的基础上对其进行创造性的改造。此言至矣！传统与现代不应仅在时间序列上划分，在文化传承上可理解为"传统"是江河之源，而"现代"则是江河之流。"现代"对"传统"的理性诠释，使"传统"在"现代"得以重生。由此，以"同情的敬意"理解自己民族的文化传统是当下中国的应有之义，任何历史文化的虚无主义都要彻底摒弃。从"五四"先行者到今天的一些名士，他们对传统文化进行激烈批判，却也无法摆脱传统文化对自己的思维方式和价值观念的影响。这样的事实岂可漠视。

这套《中国文化经纬》丛书是在1993年刊行的《神州文化集成》丛书的基础上重新选目、修订而成。自那时到今天，持续多年的"文化热"、"国学热"，昭示着国人对自己民族文化的认同还处在进行时。文化决定了一个民族的性格，民族性格决定了一个民族的命运。中国文化书院成立至今已有30年了，书院同仁矢志不移地秉承着"让世界文化走进中国，让中国文化走向世界"之宗旨，不负时代的责任与担当。

此次与中国书籍出版社合作出版这套丛书，期盼能在民族文化的自觉、自信、自强上有新的贡献。

王守常

2014 年 12 月 8 日

于北京大学治贝子园

前　言

所谓"婚俗文化",是指一个国家或民族群体的婚姻礼义(内容)、礼仪(形式)与婚姻习俗共同形成的文化积累。婚姻礼义、礼仪是经统治者将民间流传的婚姻禁忌和婚俗加以整理而拟定的成文规范;婚姻习俗则是由民间的婚姻行为被"约定俗成"的社会文化心理和风尚。两者在文化中属于两个不同的层次。但它们之间却没有划出鸿沟,彼此具有交互影响、相互渗透的功能。《诗经·毛诗序》说的"上以风化下,下以风刺上"便含有这个意思。

在人类社会中,婚姻是人类实现自身生产的唯一方式,即种的繁衍。人类是区别于动物的社会群,从而形成各种人际关系、礼仪和风俗。人类为了谋求生存和进步,必须从事生产资料和生活资料的生产,其中一部分成为精神文化的物化成果而世代相传。而人类精神生产中所形成的各种社会意识形态和价值观念等又反作用于人类的自身生产和物质生产，共同推动社会的发展。它们之间的相互作用，可以用下列图式标出：

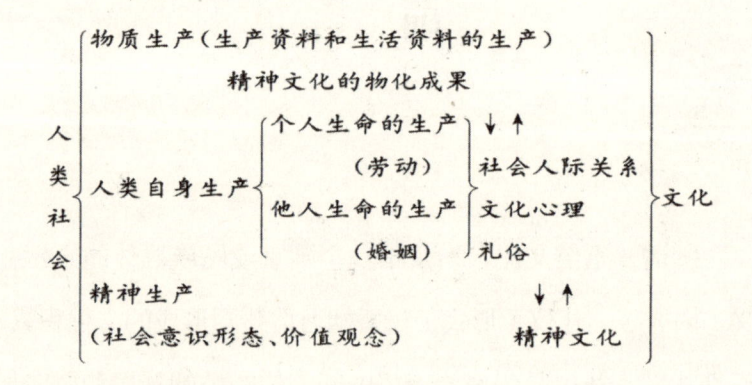

$$
人类社会 \begin{cases} 物质生产（生产资料和生活资料的生产） \\ 精神文化的物化成果 \\ 人类自身生产 \begin{cases} 个人生命的生产 \\ （劳动） \\ 他人生命的生产 \\ （婚姻） \end{cases} \begin{matrix} \downarrow\uparrow \\ 社会人际关系 \\ 文化心理 \\ 礼俗 \end{matrix} \\ 精神生产 \\ （社会意识形态、价值观念） \quad \begin{matrix} \downarrow\uparrow \\ 精神文化 \end{matrix} \end{cases} 文化
$$

从上述图式中，读者将不难看出婚俗文化在人类社会中所占有的重要地位。因此，儒家学派称，"婚礼者，礼之本也"（《礼记·昏（婚）义》），把婚礼看成是人际关系的基础。

中国"兄妹结婚"的神话传说曾在各民族中广为流传，它把婚姻形式的起源上溯到原始社会早期的血缘婚。这与恩格斯在《家庭、私有制和国家的起源》（以下简称《起源》）著作中引用摩尔根的人类婚姻形式的发展序列，即血缘婚——亚血族婚——对偶婚——父权制——一夫一妻制相近似。由于各民族生活在不同的自然环境和不同的经济、文化地区，"百里不同风，千里不同俗，户异政，人殊服"（《汉

前言

书·王吉传》），必然会在婚俗文化上反映出各自不同的特点。

本书力求使读者能够从中看出中国古代婚俗文化演变的脉络。以便从前人的生活经验中得到一些启迪，提高自己对传统婚姻道德的鉴别力。

目录

总　序 …………………………………………………… 1

前　言 …………………………………………………… 1

一、中国古代原始社会的婚俗文化 …………………… 1

　（一）人类社会的第一个婚姻形式 ………………… 1

　（二）从亚血族婚向对偶婚的演变 ………………… 7

　（三）古史传说中的女子国与女儿节 ……………… 16

　（四）原始人的文身习俗 …………………………… 22

　（五）赘婚 …………………………………………… 25

　（六）产翁制的孑遗——"伯禹腹鲧" …………… 31

　（七）古代的劫夺婚 ………………………………… 36

　（八）原始社会末期的个体婚 ……………………… 42

二、中国奴隶制的婚俗文化 …………………………… 47

　（一）古代的"烝""报"婚 ……………………… 48

　（二）古代的"媵""妾"制 ……………………… 56

　（三）西藏农奴制的婚姻遗俗 ……………………… 63

三、中国封建制的聘娶婚及其仪式·················· 71
　（一）秦、汉时期一夫一妻制的家庭结构·············· 71
　（二）"牛郎""织女"神话的婚俗特征················ 78
　（三）淳于缇萦与阳姬·························· 84
　（四）古代的后、妃制·························· 89
　（五）宫女的哀怨与反抗························ 95
　（六）聘礼与媒人····························100
　（七）封建聘娶婚的仪式························106
　（八）新婚夫妇的"结发"与"合䰇"················112
　（九）黄崇嘏"女扮男装"的婚变··················115
　（十）古代的童婚····························119
　（十一）妇女的扭曲形象——娼妓··················123
　（十二）和亲与民族间的通婚····················129
　（十三）古代的离婚规定························137
　（十四）古代的胎教····························150
　（十五）古代的房中术··························155
　（十六）婚龄大小与人口自然增长率················159

出版后记····································166

一、中国古代原始社会的婚俗文化

中国古代原始社会的婚俗文化，在史籍中只有片断和零碎的记载，而纳入帝系的神话早已经过人为的加工，使我们难以看出它所反映的原来的状况。我们只得借助于当今国内某些少数民族民间口头留传下来的创世神话传说和原始风俗习惯的遗存，进行由今及古的逆向比较，并在资料上作必要的补充，才能粗略地勾画出它的轮廓。

（一）人类社会的第一个婚姻形式
——血缘婚（也称血族婚、族内婚）

在马克思和恩格斯根据摩尔根提供的调查材料写出《〈古代社会〉一书摘要》和《起源》之后，人类原始社会的研究才真正成为历史科学一个新的方向。在摩尔根、马克思和恩格斯去世以后，文化人类学家应用多样化的研究方法进行广泛调查。他们获得的大量成果，提供了摩尔根所没有发现的新资料。

如血族婚是人类婚姻史上第一个婚姻形式的论断，就受到当代文化人类学家的怀疑。他们认为，血族婚是摩尔根根据夏威夷式亲属制得出的错误结论。在他们看来，夏威夷式亲属制是较晚近的产物，而且这种亲属制恰是母系和父系氏族相融合而成的并系继嗣制。在这种并系继嗣制中，氏族的外婚制消失了，因而就出现这种父方亲属和母方亲属采用同一种称呼的现象。

当代文化人类学家对血族婚提出质疑是"持之有故，言之成理"的。但却不能因摩尔根对夏威夷式亲属制的错误推论而否定血族婚的存在。

从中国古代创世神话传说和少数民族地区的社会调查报告等资料来看，血族婚仍然是可信的。在血族婚之前，人类处于"男女杂游"（《列子·汤问》）的阶段，即各原始群团内部实行不分辈分的杂乱性交。《礼记·曲礼》称为"父子聚麀（yōu）"，即父女、母子间的杂乱性交关系。海南岛黎族传说称："古代天地变迁，人群灭绝，仅遗下母子二人。上帝降旨，令其母在脸上刺花纹，这样她的儿子就认不出她是自己的母亲，于是结为夫妻，繁衍人类。"这个传说曲折

一、中国古代原始社会的婚俗文化

地反映出亲子杂婚的历史影子。

人类第一个婚姻形式的血族婚以排斥氏族内部父子辈间的杂乱性交,实行同辈男女(兄弟姊妹)间的婚配为特征。伏羲、女娲是夫妻,也是兄妹再造人类的神话,便反映了这种婚姻现象。

闻一多在《神话与诗·伏羲考》中,收录了四十九个中国少数民族关于童男、童女或兄妹在洪水消退后再造人类的民间传说。它的大意是:

一对童男童女(兄妹或子女)解救了家长的仇人(雷公或老妇),他(她)逃出后,发动洪水向家长报仇,赠给童男童女一个葫芦(或瓜)以避难。洪水消退,人类灭绝。童男童女结为夫妻后,生下肉球、瓜儿或石磨之类的怪东西,把它们切碎或摔破而变成人。

湘西土家族的"摆手歌",就是缘于土家语世代相传的史诗。全诗长达万行以上,它从"衣恶阿巴"(土家族传说中的女神)做人唱起,唱"八兄弟捉雷公",心地善良的布所和雍尼兄妹二人放出雷公后,雷公发动齐天洪水淹没人类,只剩下布所和雍尼二人。为了延续人类,他们在"衣恶阿巴""是义图介"(主管人间婚姻的天神)、喜鹊、野牛、画眉、乌龟的规劝下,兄妹成亲。婚后,妹妹是白脸,哥哥因成亲害羞变成了红脸。他俩生下一个肉坨坨,"墨地泽"(传说中的天门土地)劝他俩把肉坨坨砍成一百二十块,合上土撒出去成了土家(毕兹卡),合上树苗撒出去成了苗家(白卡),合上沙子撒出去就成了汉族(帕卡)。它表达了各民族亲同骨肉的团结心愿:

人类得到繁衍,大地充满生机,

红霞满天,清风习习,

遍地都是歌声,炊烟袅袅四起。

毕兹卡的子孙哩,帕卡的子孙哩,

白卡的子孙哩,

像鱼仔一样发育,像笋子一样生起。

苗文《盘王书》将苗族的起源归于伏羲、女娲兄妹。

儿年渐增,俱已长大。男颇欲婚,女则不愿,以为兄妹不当相偶。惟男子屡求,女不能拒,因谓男曰:"汝试追我。如能追及,便结夫妇。"于是,绕一巨树,迅速奔避。男不能及,便设一计,返巡而走,与女相遇,女果入抱,便为夫妇……

这种女跑男追的婚配形式,已成为一种古老的习俗。贵州某些地区的壮族青年男女在追求配偶时,即平地上立一木桩,情侣们围着木柱而舞,女跑男追,以示情爱。

云南纳西族东巴文《崇报图》记载,从忍利恩五兄弟找

一、中国古代原始社会的婚俗文化

不到其他女子相配,只得与自己的五个姊妹相婚配。于是天神发怒,发动洪水以消灭人类。因从忍利恩曾给都神治过病,都神在洪水到来之前给他通风报信,从忍利恩躲藏在皮囊里得以脱险,他的其他兄弟姊妹都在洪水中遇难。这意味着血族婚已被洪水冲走。传说彝族的马樱花节,就是兄妹结婚日的遗俗。

据云南景颇族的历史传说称,该族由血族婚向亚血族婚转变,发生在"宁贯娃"时代。宁贯娃先和其妹普罗木占结婚,以后又娶龙女东贯那木占为妻。宁贯娃之子扎木扎先与其妹结婚,后娶龙女为妻。到了扎木扎的大儿子束木杜才结束与自己姊妹通婚的习俗。传说中的"龙女",当指另一氏族的女子。

血族婚在人类历史上虽然早已消失,但这种婚俗的遗迹在中国某些民族的称谓中尚有保留。如景颇族的男子称自己的姊妹为"占",也可以用它称呼妻子和已婚的女子。现在他们仍称妻为"占",但是,男子对姊妹的称谓已有改变:我的姊妹称"霭占",你的姊妹称"宁占",他的姊妹称"捂占"。

东北鄂伦春人在新中国成立前已处于一夫一妻制的社会。在称谓中,凡是比自己年长而小于父亲年龄的,不分血亲、姻亲和世系的男性,称"阿基",女性称"恶基";比自己父亲年长的人,不分血亲、姻亲和世系,男性称"合克",女性称"恶我"。

这种称谓与该族按自然年龄大小命名和按照年龄长幼分工从事生产活动是相互适应的。上了年纪的人留在山洞中看守火种,制作工具,并向未成年的子女传授知识。青壮年男女则出外狩猎或采集。鄂伦春人长期以游牧为业,社会发展缓慢,因而使这种类别式的亲属称谓得以保留下来。

伏羲、女娲再造人类的神话传说构成了中国多民族的神话群系,反映了中国各民族在血缘、经济、文化等方面有着极为复杂和深刻的联系,形成中国民族强大的凝聚力。

汉代山东武梁祠石室画像,有表现秦汉时期人们观念中伏羲、女娲造人的画面。伏羲、女娲皆为人首蛇身,两尾相交。中间有一个小儿,手拽二人之袖,表示这个小儿是洪水之后再造的人类。

陆贾在《新语·道基篇》中说,伏羲时代"民始开悟,知有父子之亲、夫妇之道、长幼之序"。这段话只能这样理解:血族婚开始区别长幼的辈分,排斥父母辈与子女辈通婚,只允许兄弟姊妹发生性关系。

血族婚对后世有深远的影响。汉族的古代婚仪中把兄妹避洪水的葫芦或瓜演化为"匏",新婚夫妇用它饮酒,称"合匏酒",表示二人从此合二为一。"瓜"有繁衍子孙之意。《诗经大雅·绵》的起兴,"绵绵瓜瓞,民之初生",就包含了这种原始意义。兄妹结婚,繁衍人类的故事,表现了人类对早期实际存在过的血族婚的记忆,如果人类社会根本不曾有过这一婚姻形式,民间的口头创作就会用另外的题材来表达了。

血族婚对子嗣的身心发育往往造成恶果。如兄妹在婚后生下肉球和其他怪胎,就反映了这种情况。希腊神话中的"两性神"赫墨佛洛狄特就是多重近亲血缘婚配所生育的畸形人。《淮南子·精神训》说的"二神混生"的"两性同体"之神,也是古代人对这种畸形儿的朦胧认识。

血族婚对人体素质造成的危害,威胁到人类的生存和发展,人类为了征服更为恶劣的自然环境,开始在氏族群体内实行性禁忌(朱建军:《氏族内婚禁忌探源》,《中国社会科学》一九九一年四期),寻求解决的办法,这就是亚血族婚。

(二)从亚血族婚向对偶婚的演变

亚血族婚,称族外婚或伙伴婚,也称普那路亚。它是从血族婚逐步演变而成的一种婚姻形式。开始由排斥同胞兄弟和姊妹间的性交关系,以致最终禁止旁系兄弟姊妹,即同胞兄弟姊妹的子女、孙子和曾孙间的性关系。这样，本氏族的兄弟或姊妹就必须在相互通婚的对方氏族的女子或男子中寻找配偶。同样，对方氏族中的兄弟或姊妹则在本氏族的女子或男子中寻找配偶。父亲是集体父辈，母亲为集体母辈，成为共夫与共妻的关系。

在这种婚姻形式下，男子死后，要葬在各自出生的氏族墓地，而不能和女方姊妹同墓合葬。其所生子女属于女方氏族，死后与母亲同葬，不能与父亲合葬。亚血族婚的墓葬形式以单身葬或同性合葬为主。田野考古发掘，宝鸡北首岭有男女分区聚集埋葬的墓地；河南新郑裴李岗出土二十四座墓葬，多系单身葬，随葬品极少；上海青浦崧泽下层文化有两个女性合葬墓；山东兖州王因村有男性同葬墓十座，女性同葬墓七座；华阴县横阵村有妇女与幼儿合葬墓。以上的墓葬形式都具有亚血族婚的葬俗特点。亚血族婚实行共夫与共妻，生父无法知道自己的子女，子女更无从知道自己的生身父亲，只有母亲才知道哪个孩子是自己孕生的，子女也知道谁是自己的生身母亲，世系只能从母系。这就是古书中说的"民知其母，不知其父"，或"感天而孕"的情况。

在中国古代神话传说中，炎帝母亲"游华阳，有神龙首，感生炎帝"。黄帝母亲附宝"见大电绕北斗、枢星，感而怀孕"，生黄帝。这是古人还没有理解自身生殖的功能和原因,而把它归结为神力的创造,不能把性行为与怀孕生殖联系在一起。但它却以歪曲的形式留下了亚血族婚的真实投影。

东晋常璩的《华阳国志》称:云南哀牢山有一个妇人名"沙壹"(可能是"壶"的误字),以捕鱼自给,忽于水中触一沉木,遂感而有孕,生十男。哀牢山下又有一户产十女,互相婚配。这是"沉木感生"的神话。

中国古书中的各种"感生"说,虽因各民族生活方式、心理状态的差异而产生了不同的表现物象,但它们却共同显示出对亚血族婚的下意识的幻觉性的追忆。

前文说到,从忍利恩独自从洪水中脱险后,走到黑白交界(即"阴阳界")遇见天女衬红褒白,天神得知他俩相好以后,极力阻挠他俩结合。从忍利恩得到天女的帮助,解答了天神给他提出的难题,终于成婚。后来,他俩又分别和公猿、魔女发生婚配关系:

```
         血族婚
   姊妹═══兄弟(从忍利恩)═══衬红褒白
        ‖     亚血族婚      ‖
        魔女              公猿
```

这个神话传说中的天女、魔女和公猿,不过是异族男女的化身，从忍利恩与他们互为夫妻，反映出人类从血族婚向亚血族婚演变的历史踪迹。

　　中国古代神话传说中出现的滔滔洪水，都发生在血族婚时期，我们可以把它理解为原始人对于血族"相奸"的自发趋势所产生的恐惧心理的反映。《左传·僖公二十三年》有"男女同姓，其生不蕃"的忌讳，就是从排斥血族婚所总结出来的经验教训。因血族婚对后代的不良影响有一定的范围，所以有"六世亲属绝矣"的说法。

　　从今天的遗传学来看，血缘关系相近的男女结婚，对子嗣的智力、体质会产生极其有害的影响。据说，人体中有一种传递遗传信息的基因——DNA（脱氧核糖核酸），其中有一类是隐性基因。在一般情况下，体内存在一个隐性基因时，不会致病；当体内存在两个相同的隐性基因时，便会致病。血缘关系越相近的男女结婚，他们身上这种带有相同的隐性致病的基因便增加了接触的机会，他们生理、心理上的缺陷就会遗传给子女，引起不良的后果。郑国的子产说："内官（嫔御）不及同姓，其生不殖。"（《左传·昭公元年》）这种朴素的遗传认识，对于中华民族的健康发展具有积极的作用。

　　亚血族婚的表现形式之一，称姑舅表婚。在这种婚姻关系中,姑舅之间的子女互称为表兄弟和表姊妹。舅父与姑母（或

一、中国古代原始社会的婚俗文化

舅母与姑父）对这些子女则称为外甥和外甥女。他们之间的婚姻关系常以某种亲族感情和继承关系为依据，被视为"亲上加亲"而肯定下来，成为现行婚俗中最落后的一种姑舅表婚，通常是舅舅家将娶外甥女为媳妇当作姑姑出嫁的一种补偿。所以，舅舅的儿子娶姑妈的女儿便拥有优先权。苗族长诗《阿燕与略刚》中说的"有树才有花，有藤才有瓜。姑娘打妈妈的伞，女儿要嫁到舅舅家"：外甥女与舅家是花与树、瓜与藤的关系，女儿与妈妈是被庇荫与庇荫的关系，就反映了这种优先权。即使舅家无子，外甥女出嫁，也要征求舅舅家的同意，还要给舅舅家送一笔"外甥钱"（也称"还种"）。

姑舅表婚有两种类型：一是"两合婚"制，一是"三氏族联姻"制。前行如唐代诗人白居易在一首《朱陈诗》中说的"村中有两性，世世为婚姻"的"世婚"，就是"两合婚"的遗存。陆游在《老学庵笔记》中说的亳州机户，也是"世婚"。"亳州出轻纱，举之若无，裁以为衣，真若烟雾。一州唯两家能织，相与世世为婚姻，惧他人家得其法也。云自唐以来名家，今三百余年矣"。可见这种婚姻关系具有很大的保守性。契丹族的耶律氏与萧氏是两个通婚集团。据说它起源于古代传说中的白马（男系）与青牛（女系）两个通婚的原始氏族。

契丹每个部落中，都有白马与青牛两个原始氏族为共同祖先的通婚集团。这种婚姻习俗一直保留到阶级社会中，直到契丹接受汉化和改易汉姓，这种原始氏族的婚俗文化才逐渐消失。

后者以库页岛的尼夫赫人（清代称"费雅喀"）的族外婚为代表。张璇如、孙适来两位同志在《〈新发现的群婚实例〉补证》（《社会科学战线》一九八四年四期）中说，尼夫赫人在十九世纪末实行"三氏族婚姻联盟"。这种婚配原则是，甲氏族的女子只能嫁给丙氏族的男子，乙氏族的女子只能嫁给甲氏族的男子，丙氏族的女子只能嫁给乙氏族的男子。反之，甲氏族的男子要从乙氏族娶妻，乙氏族的男子要从丙氏族娶妻，而丙氏族的男子则要从甲氏族娶妻。可用下图标出（箭头表示出嫁）：

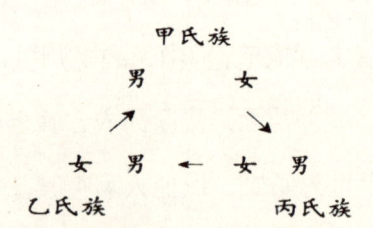

```
            甲氏族
          男    女
           ↗      ↘
    女 男 ← 女 男
    乙氏族    丙氏族
```

尼夫赫人实行"等辈婚"，不同辈分之间禁止通婚。按甥舅关系来说，甲氏族是乙氏族的舅族，乙氏族是丙氏族的舅族，丙氏族是甲氏族的舅族。按家庭关系而言，一个氏族

一、中国古代原始社会的婚俗文化

内的每个家庭只包括在两个氏族之内。

无论是双向对嫁的"两合婚",还是单向转嫁的"三氏族联姻",都体现出舅家有优先纳娶姑家外甥女(尤其是长女)的特权,外甥女对舅家的儿子不能拒绝,于是就构成外甥女与舅家的内在矛盾。随着女子追求婚姻自由意识日益增强和社会贫富的分化,外甥女要嫁给与自己相爱的别家男子,只需给舅家"外甥钱",以换取婚姻的自由。可以想见,青年女子要挣脱舅家束缚的斗争是艰难而漫长的。

对偶婚是介于亚血族婚与一夫一妻个体婚之间的过渡婚姻形式。群婚范围逐渐缩小,由群体的性关系变为个体的性关系,即异姓同辈男女在或长或短的时期内实行对偶同居。

恩格斯在《起源》中说:"某种或长或短时期内的成对配偶制,在群婚制度下,或者更早的时候,就已经发生了;一个男子在许多妻子中有一个主妻(还不能称为爱妻),而他对于这个女子来说也是她的许多丈夫中的一个主夫。"所谓"主妻"与"主夫"的概念是当时的男女在排除群体婚的过程中被区别出来的。

初期对偶婚的男女仍生活在各自母系氏族内。由于双方没有共同的经济基础,所以容易结合,也容易分离。所生子女仍处于"知其母不知其父"的状况,世系也仍按母系计算。

据詹承绪同志在《永宁纳西族的阿注婚和母系家庭》一书中介绍，云南宁蒗县永宁地区纳西族的对偶婚，在明代开始已由初期对偶婚向一夫一妻制过渡，由母系社会向父系社会过渡。由于过渡的长期性和反复性，当母系家庭向双系和父系家庭发展过程中，双系和父系家庭有时又倒退为母系家庭。直到民主改革时期，永宁纳西族还保存着母系对偶家庭、母系父系并存的双系对偶家庭、父系对偶家庭和一夫一妻制家庭等类型。

由此可见，摩尔根的"血族婚——亚血族婚——对偶婚——父权制——一夫一妻制"的婚姻形式的发展序列，并不是放之四海而皆准的"单线进化模式"，而只能作为我们研究婚俗文化的参考系。我们承认血族婚在中国的历史存在，同时，也承认人类婚俗文化在发展变化进程中具有多样性与反复性的特点。

纳西族的对偶婚经历了望门居（阿注异居）到从妻居，再到从夫居三个阶段（或初期、中期和晚期）。阿注对内称"主子主米"（最亲密的伴侣），男子在头天夜里到女家住宿，第二天清晨就赶回自家干活，过着"暮合朝离"的偶居生活，故称"走访婚"。这种"望门居"的对偶婚还保留有群婚的残余。

一、中国古代原始社会的婚俗文化

直到对偶婚中期,才出现"一个男子和一个女子共同生活"的情况,阿注的婚姻关系才相对保持稳定。然而,大多数人在一定时期内,既有一至数个临时、短期性的阿注,同时又有一个固定的长期阿注。到了对偶婚后期,才具有一夫一妻个体婚的特点。

对偶婚由不稳定逐渐到稳定,相应地形成一些约定俗成的习惯和规矩以巩固阿注关系。比如,凡建立了固定阿注关系的男女,每年必须互赠礼物;过年时,彼此要到对方家里拜年;双方在结交临时阿注时,彼此要尊重对方的长期阿注;女阿注分娩后,男阿注本人或他的母亲、姐妹要携带礼物前去女阿注家里举行"认子"仪式,并在小孩成长期内给予适当的物质帮助;对方去世,要前往悼念,并对死者的丧仪给予资助等。这些习惯受到社会舆论的支持,如果不遵守这些习惯,就要遭到非议,被视为没有"良心"。

在民主改革时,据有人调查称,该地区成年男子实行阿注婚的占成婚总人数的73%,已开始向一夫一妻制过渡。实行一夫一妻个体婚的夫妻彼此不再称"阿注",而是称丈夫为"塞叔巴",称妻子为"楚米"。这种称谓的改变反映了一夫一妻制取代对偶婚的生活逻辑。

海南岛黎族称对偶婚为"放寮","寮"是在村边为异姓青年男女进行社交活动搭成的房子。青年男女可以到对方的"寮房"自由结交伴侣。其中，有一个是固定的情人，可以往来一年至几年；多数是临时或短期偶合。如果经过"放寮"彼此愿意结合，又经过双方"合亩"（"家庭公社"）的同意，便可以结婚。已婚男女若与别人"睡田"而被发现，就要受处罚。由此看来，黎族的"放寮"已孕育出一夫一妻个体婚的萌芽。

（三）古史传说中的女子国与女儿节

中国古书上记载的"女子国"（也称"女国"）和民俗中遗存的"女儿节"，都是对古代母系氏族社会亚血群婚的曲折反映。所谓"女子国"大致可分为"纯女无男"与"女尊于男"两种类型。

"纯女无男"的"女子国"在历史上比较稀少。《后汉书·东夷传》说，"海中有女国，无男人"，"或传其国有种井，窥之则妊子云"。《山海经·海外西经》说："女子国在巫咸北，两女子居，水周之。"郭璞说："女国人入浴，出即怀妊矣。若生男子，三岁辄死。"《梁书·东夷传》也说："扶桑东千余里有女国，容貌端正，色甚洁白，身体有毛，发长委地，至二三月，竞入水则妊，六七月产子。"宋代赵

一、中国古代原始社会的婚俗文化

汝适在《诸蕃志·海上杂国》中说:"其国女人遇南风盛发,裸而感风,即生女也。"这些书中,把"女子国"繁衍后代说成是"窥井而妊""入浴即妊",或是"感风而生女",违反人类生殖的起码常识,显然是以讹传讹所致。

据张华的《博物志·异人》记载,"日南(今越南顺化地区)有野女,群行无(一作"见")丈夫"。无论是"无丈夫",或"见丈夫",它都没有表达清楚要说的内容。这要借助于希腊地理学家斯特累波在《地理学》中所记述的材料,才能明白这句话所包含的内容。《地理学》说,在高加索地区有个亚马孙女人部落与伽伽日人部落相邻而居。一年中,大部分时间各自独居。只有在春天,两个部落的男女才爬到一座阻隔其间的山上发生性关系,生的女孩由亚马孙女人留在身边,生的男孩则交给伽伽日人带走。"日南"地区的"野女",类似亚马孙女人部落。因此,她们"无丈夫"。由于她们要与另一男性部落的男人过性生活,所以她们要"群行见丈夫"。两个异性氏族或部落结成世代相传的联姻集团,且与外界隔绝,容易造成传闻的讹误。

英国民族学家马利诺夫斯基在《美拉尼西亚西北部土著人的性生活》中也记述了与此有关的风俗。当地一些岛上居住的妇女,看见外来的男子就脱光衣服,向他猛扑过去,将

17

他蹂躏致死。但也有一些"女子国"的妇女则允许男子住留一段时间,然后要他在限定的日期离开,否则,就会把他杀死。这些妇女并非生来就性情凶悍,而是她们对男子采取了放荡性的攻击。

上述情况,可以解释"纯女无男"的"女子国"如何生活的疑案。

《山海经》中的"巫咸"是个善于占卜巫术的部落。据前人考证,"巫咸北"的"女子国",其地域在今山西省夏县巫咸山以北。至于《梁书》中说的"扶桑东千余里"的"女国",因国内外学者对"扶桑"的解释各不相同,所以,它的地理位置至今仍无定论。一说扶桑国指日本,所以纪念《中日邦交正常化十周年》的邮票以今天的扶桑花代表日本(《扶桑木是现实的什么植物》,《学术论坛》一九八四年一期);二说《梁书》中称日本为"倭国",所以扶桑国是另一个地方,其地理位置在今墨西哥。朱谦之在《扶桑国考证》中据西方学者德岐尼和艾维宁等人的论点进行具体考证,他认为该"女国"在加勒比海小安的列斯群岛中的马提尼克岛上;三说扶桑国应在中国东北至朝鲜半岛一带及附近的海岛范围内(《扶桑国之谜的研究史及流派述评》,《新华文摘》一九八六年三期)。

一、中国古代原始社会的婚俗文化

所谓"入浴而孕"的传说,我们只能依据云南永宁地区纳西族的婚俗,作些补充说明。在永宁盆地有一个露天温泉,如同一个天然浴池。当地纳西族的男女老幼经常到这里来洗澡,男女同池沐浴,互相嬉戏,各自选择对象。入夜,便在温泉附近就地偶居,或住两三天,所谓"入浴而孕",与此相类似。

"女尊于男"类型的"女子国",则是母系氏族社会的普遍现象。如《诸蕃志·海上杂国》记载,"西海亦有女国,其地五男三女,以女为国王,女人为吏职,男子为军士,女子贵则多有侍男,男子不能有侍女,生子从母姓"。这里说的"国王",即氏族酋长。妇女主管氏族的权力,并享有崇高的社会地位。宋代周去非在《岭外代答》中说的"王二娘"是南宋琼山黎族"三十六峒"的"统领"。她的情况与上述情况相近。该书说她:"黎之首也,夫之名不闻。家饶余财,善用其众,力能制服群黎……二娘死,女亦能继其业。"这说明,黎族历史上确实有过妇女执政的时代。因此,黎族称峒首为"毕寡",意为像母亲一样管理众人。

云南纳西族曾由年长有威信而且能干的妇女担任"达布",负责处理氏族的内外事务。从计划生产、劳动分工、财物管理、生活安排到宗教祭祀,都操于妇女之手。男人处于从属地位，财产也由女子继承，从而形成"生女重于生男""女儿是骨根"的传统观念和伦理规范。

"女儿节"，又称"女儿会""姊妹节"，它是土家族和苗族姑娘举行的节日。这是族外婚遗留下来的习俗，它只保存在一些偏僻的村寨，以邻县交界的山岭或河滨作为节日场地。过节的日期和活动方式虽有民族、地区的差异，但其实际内容同样具有姑娘们公开自择婚姻的特点。

关于土家族的"女儿节"，刘孝瑜在《土家族婚姻初探》中有如下的记述：湖北鹤峰、宣恩两县交界的石灰窑和恩施、利川两县毗邻的大山岭是土家族姑娘过"女儿节"的场址。前者的节日是每年农历七月十二日，后者的节日是每年农历五月初三和七月初九。临近节日的前一天，远近村寨的土家族姑娘便换上节日盛装，自带小锅、食物，成群结队地赶来过节（有的由老年妇女做伴）。在节日里，她们自由自在地进行社交活动，或对歌赛舞，或在人群中寻找意中人，互订终身之约。老年人和男人不得指手画脚，进行干涉（《中南民族学院学报》一九八六年一期）。

如果发生两男争一女或诸男争一女的情况，姑娘就让他们用比武射箭的竞技方式一决胜负，谁胜利谁就是姑娘的佳偶。

一、中国古代原始社会的婚俗文化

苗族姑娘的"姊妹节"比上述的"女儿节"更带有原始性。据李廷贵的《清水江畔的"姊妹节"》介绍，贵州台江、施秉、黄平三县交界的苗族姑娘，在每年农历三月中旬，都要举行三天的"姊妹节"，也称"吃姊妹饭"。它是姑娘们将糯米染成五颜六色精制而成，节日里用来款待前来讨饭的小伙子。姑娘们在饭团里藏着各种暗号，嘱咐来客吃完了饭，不要忘记把包饭的帕子送回来。这些暗号形式不同，含义也相异。例如，几根苞谷须，表示要几绺丝线；几根松针，表示希望得到几根绣花针；一片树叶，表示要一块帕子或几尺缎子；一个小树勾，表示对方已把姑娘的心勾去了，盼望他明年再来；两个树勾勾在一起，表示姑娘接受了对方的爱情，同意与他成婚；如果客人从饭团里得到一个小树杈，表明姑娘不愿与他交往。客人也不因此生姑娘的气。因为吃了姑娘的饭，就算交了朋友（《中央民族学院学报》一九八六年一期）。

类似"女儿节"的习俗，在其他一些少数民族中也有表现。清代的《琼州府志》记载海南岛的黎族"春则秋千会，邻峒男女妆饰来游，携手并肩，欢歌互答，名曰'作剧'。有乘时为合婚者，父母率从无禁"。

再如广东北部的瑶族过去有一种"放牛出栏"的风俗。在每年农历除夕开始，瑶族青年男女有三天自由交往的时间，通过对歌或吹奏乐器来寻求伴侣,父母不加干预。

综上所述,都反映出从亚血族婚到个体婚时期的婚俗文化。

(四)原始人的文身习俗

"文身",也称"文面"或"勾花",即用针具将染料浸入人的皮肤,或刀切、烧灼皮肤形成永久性的花纹,这是世界上许多原始民族普遍实行的习俗。

中国的傣、珞巴、独龙、布朗、基诺、黎、高山等少数民族都有文身或文面的习俗。古书中说的女娲氏"蛇身人首"、炎帝"人身牛首"等原始图腾是作为通婚的标记而文在人身上的形象。陈启新在《关于文身的几个问题》一文中根据所占有的资料分析原始人的文身习俗是起源于"禁止血亲通婚"和"为了识别族外婚的需要(《史前研究》一九八五年四期)。他的这一看法是比较符合历史实际的。

原始人文身一般在男子成丁和女子及笄的年龄,也就是在结婚之前要完成文身的仪式。男子成丁多在十五六岁,女子及笄在十二三岁。如傣族男子到了十五六岁还未文身,就会成为无偶的鳏夫。独龙族女子则在十二三岁文面。黎族成年男女文身的年龄因其支系的不同而异。

文身时，要在选定的场所施行手术，并举办"置酒会亲属"的宴会和庆贺仪式，表示他们开始获得从事社交的权利，并开始履行对社会应尽的义务。

各少数民族文身的部位，以及刺刻的纹样各不相同。中国古书中除有"文身"一词外，还有"雕题""黥面""绣面""缕面""花面""勾花"等文面的术语。"文身"的"身"，指人体的头部（"题""面"）、躯干和四肢。做这种手术，一般由富有经验的长辈、母亲来担任，或请巫师施行。

从文身的部位和刺纹样式来看，有一个由繁到简的变化过程。最初，成年男女既文面，又文躯干和四肢，所刺纹样即氏族的图腾形象。随着社会的发展和婚姻形式的变化，便在身体部位上发生刺文的变化。独龙、傣、高山、布朗、黎等民族的文身部位均以面部为主，但具体部位各有侧重。黎族和傣族的男女还在胸、背、腹、腰、臂、腿、膝等部位刺纹。其所刺纹样大都以虫、蛇、龙、蛙、虎等动物图案为主，有的民族也兼刺花卉纹或云雷纹。

原始人为什么要文身？中外学者对此有不同的解释。如与图腾有关，或是对进入成年的人类的考验，或是为了装饰美等。在陈启新看来，原始人文身的真正原因是为了避免血族通婚，用它作为识别族外婚的标志。

中国古代的伏羲、女娲兄妹通婚的神话，说他们文身的部位和纹饰各不相同：一是"牛首"（面部刺牛头纹），一是"蛇身"（身上刺蛇纹）。它与海南岛黎族的姐弟成婚神话中的"文面"是相通的。黎族的神话则透露了从血族婚向族外婚过渡的内涵。这是原始人"用一种不自觉的艺术方式"对自然和社会生活加工的反映。

刘咸在《海南黎人文身之研究》一文中叙述道：

上古之时，天翻地覆，世界生物尽被淹埋，人类同遭此厄，仅遗一姊一弟，相依为命。然姊弟虽情亲手足，终不可以婚媾，于是姊觅夫，弟觅妇，分道扬镳，各自东西，久之各无所遇，终乃姊弟重逢，如此者再。雷公知其事，化为人身，下凡谓弟曰："今予在此，汝二人可结为夫妇。"弟曰："姊弟不可婚姻，否则必遭雷公打。"雷公曰："我即雷公，决不打汝！"弟仍坚持不可，重出觅妻，于是雷公将姊之面画黑。无何，弟再遇姊，不识为谁，以为必非己姊，可以求婚，于是姊弟结婚，繁衍生殖，而得今之黎人（《民族学研究集刊》第一期）。

雷公给黎女的脸上画黑，就是给她施行文面术或"黥面"，使其弟误认她是异姓的同辈女子，"以为必非己姊"，终于成婚。可见，"文面"（或"文身"）是作为排斥血族婚，向族外婚过渡而出现的。

黎族女子文面的习俗,后来有很大的改变。但是,"文面"的意识却依然存留在黎族女子的头脑中。某些地区的黎族新娘在出嫁之日,仍让她的姐妹用炭或墨给她的脸上画花纹,并将炭或墨块系在自己的腰带上。在夫家直到把前来贺喜的客人送走以后,才可以把脸上的黑纹洗去,并将腰带上的炭或墨块扔掉。

唐人李冗的《独异志》描述伏羲、女娲成婚时,"以帕遮面"。这是唐代新娘头上蒙盖巾的婚俗在神话中的投影。原始时没有出现这种风俗。

随着原始社会的解体,文身习俗的原始意义也逐渐模糊,致使后人对文身的认识产生种种分歧。比如有人认为文身是装饰美,这只是文身在流传过程中所派生出来的意识,并非它的原始意义。

(五)赘婚

"赘婚"是男嫁女娶,从女居的婚姻形式。这种婚姻现象发生在由对偶婚向一夫一妻制的过渡时期。

在对偶婚时期,男子到女家过夜,有时参加女家的劳动,有时参加自家的劳动,但所生的子女属于女方。到了一夫一妻制时期,则是女子嫁到男家并在男家劳动,其所生子女属于男方。由于当时生产力水平有所提高，为了弥补女子"从夫居"给女家带来的损失，一些有剩余财物的家庭为儿子娶媳妇，有能力拿出一定数量的彩礼给女家作为赎金，建立女嫁男娶的婚姻关系；而一些生活有困难的家庭缺少钱财，唯一的办法就是让自己的子弟到女家从事一定期限的无偿劳动，以实现换到妻子的婚姻关系。这就是古书上说的"家贫无有聘财，以身为质"的意思，一般称为"赘婚"，或"服务婚"。男子给女家劳动的时间有长有短，长则几年，短则几个月。在此期间，男子要接受女子和女家的监督，并要经受各种艰苦的考验，证明他具有养家糊口的能力和值得信赖，才被允许结婚或入赘。由于男子的劳动期也是女家对他的考验期，所以有的文化史书称为"考验婚"。

据《史记·五帝本纪》记载：尧"以二女妻舜以观其内，使九男与处以观其外"。说明舜在女家内外受监督，还经受了"耕历山""渔雷泽""陶河滨""作什器"和跑生意等多方面的考验。不仅如此，因尧在传说中是个原始部落联盟的首领，还要舜去完成联盟的各种事务以考验他的办事才能。经过这番"以理家而观国"的特殊考验之后，尧才将"二女"嫁给舜，并以"絺（细葛布）衣""琴""仓廪"和"牛羊"作为陪嫁物。上述的情况，符合当时"赘婚"的特点。

一、中国古代原始社会的婚俗文化

随着社会经济的发展和社会分工的出现，在贫富分化的基础上产生了阶级和剥削，同时加强了男人在家庭中的权力和地位，由亲生子女继承财产和传宗接代的伦理思想也日益增强。

然而，只要社会上存在贫而多子和富而有女的家庭，"赘婚"就有依存的社会土壤。战国时期，齐国有渔盐之利，工商业较发达，女子多从事各种手织品的加工，在经济上有独立的地位，长女可以"在家主祠"，在嫁与不嫁的问题上有选择的自由。《史记·滑稽列传》说："淳于髡者，齐之赘婿也。"这位从淳于氏家嫁到女家的男子取名曰"髡"，意味着他在家庭中处于服劳役的地位，如同汉代奴隶的"髡钳"一样。后来，他凭着自己的"滑稽多辩"，做了齐威王的相。

齐国是否实行"赘婚"？俞正燮在《癸巳存稿·巫儿事征条》中引用《战国策·赵策》赵威后说的齐国北宫之女婴儿子"至老不嫁，以养父母"，得出"齐国无赘婚"的结论，未免失当。其实，齐国女子"至老不嫁，以养父母"，与招夫养老的"赘婚"并无矛盾。因为实行"赘婚"的女子本来就不出嫁。

齐国女子具有独立生活的能力，她们的平均收入不亚于男子。《管子·揆度》说：上农能养活五人，上女也能养活五人。

由于社会上还存在对偶婚的遗俗，所以她们的性生活比较自由，在社交场合中也很少忌讳，"州闾之会，男女杂坐"，"握手无罚，目眙不禁"。齐国实行"赘婚"是习以为常的婚姻形式。

秦国原是"男女无别"的社会。商鞅变法，对婚姻家庭实行父子离析异居的改革，建立"民有二男以上不分异者，倍其赋"的小家庭制。即后来《汉书·贾谊传》说的"秦人家富子壮则出分，家贫子壮则出赘"的"双轨制"。在贵富贱贫的封建社会，"赘婿"遭受社会的歧视。秦汉时期，赘婿被封建政府列为"发谪"对象之一。

自唐宋以后，中原地区的"赘婚"出现不同的类型，未婚女子娶夫称"赘婚"；寡妇娶夫称"接脚婿"或"招夫"，寡妇住在亡夫家中，招后夫承当前夫门户，后夫须改从前夫之姓。据《吏学指南·婚姻门》记载，元代的"赘婚"有两种：一是终身在妻家作赘，顶门当差，行赡养女方父母之责，称"养老"（即"养老女婿"）；一是有年限地到女家服役，年限届期，或妻子亡故，可离异归家，称"出舍"。

至于生活在中国边境的少数民族实行"赘婚"的情况，在《旧唐书·室韦传》中也有生动的描述：室韦人的"婚嫁之法，男先就女舍，三年役力，因得亲迎其妇。役日已满，

一、中国古代原始社会的婚俗文化

女家分其财物,夫妇同车而载,鼓舞共归"。

封建社会巩固了"男尊女卑"的思想观念,妇女失去了独立的人格和自立权。顶门立户、继承遗产和传宗接代,都是男子享有的特权。在这种社会风气影响下,男子到女家入赘便被讥为如同"人之疣赘,是剩余之物也"。尤其是在封建社会后期,这种偏见严重侵蚀了人们的心灵。如清人邱炜菱在《菽园赘谈》中说:"戚里早寡者,或不安于室,始也求壮,终且鸠居,率以招夫养子卫言为口实。"对寡妇招夫极力丑化。

然而,"赘婚"毕竟是符合社会需要的一种婚姻形式。所以,对它讲公道话的人还是有的。如宋代范政明在《岳阳风土记》中记载,"湖湘之民,生男往往作赘,生女反招赘舍居。然男子为其妇家承门户,不惮劳苦,无复怨悔"。湖湘地区有少数民族居住,是风俗使然。在工商业发展程度较高的地区,"赘婚"也能受到社会的同情。《稗史汇编》记载,"冯布小时有才干,赘于孙氏,其外父(妻父)有烦恼事,辄曰:'俾布代之'。至今吴中谓婿为'布代'"。在明清时期,"布代"成了"赘婿"的代称。

唐代李渊"开屏射雀"的典故,在《旧唐书》中有记载。窦毅为女儿"求贤夫",在屏风上画了两只孔雀,以射中孔雀双目作为择婿的条件。李渊拉弓举箭,"两发各中一目",便与"窦氏"成婚。李渊的拉弓射箭,在性质上和舜"渔雷泽""陶河滨"一样,也是女家为择婿而设的考验项目。它保留着鲜卑族实行赘婚的遗风。

据国内民族学工作者的调查,中国南方的壮、瑶、拉祜、傣、彝、纳西、布朗、侗、水、景颇等少数民族都实行过"赘婚"。甘肃康县的山区至今还存在"赘婚"的习俗。这些民族地区男尊女卑的观念比较淡薄,男女婚嫁没有划出畸轻畸重的界限。所以,许多家庭都愿意采用招婿上门的婚姻形式。

举行入赘的婚礼,都在新娘家中举行,远近亲朋都前来祝贺,男方家中不摆酒席。如西双版纳傣族新娘家中举行的婚礼中,有"拴线"仪式,与唐代的"系指头"和宋代的"牵巾"相类似。拴线是用洁白的棉线拴在新婚夫妇的手腕上,象征着把两颗纯洁的心拴在一起。然后,参加婚礼的客人边喝酒、边唱歌,祝贺新人结成终生伴侣。婚后,夫妻双方在经济上享有平等的权利。所以,家庭成员能和睦相处,过着幸福的生活(马寅编《中国少数民族常识》)。

"赘婚"是人类社会发展到一定阶段的产物,有其历史的正当性和合理性。在封建社会,可以说它是作为重男轻女封建思想的对立物而存在的。它既是古老的婚俗文化,也是现行的婚姻形式之一。

（六）产翁制的孑遗——"伯禹腹鲧"

男子由"从妻居"的亚血族婚到变为女子"从夫居"的个体婚（男女由伙伴关系变为夫妻关系），产生了"父"的观念。要完成这一转变，必须将子女从母姓改变为从父姓，才能将自己的财产传给自己的子孙。马克思把这种办法说成是男人"钻空子在传统的范围内打破传统"，是"人们天生的诡辩"（《摩尔根〈古代社会〉一书摘要》）。

做父亲的为确认子女而"诡辩"子女为自己所生，就成为"产翁"制。"产翁"，又称"坐产翁"，男子装作产妇的模样，代替产妇卧床坐月，表示婴儿是他分娩的。这种假产翁的婚俗不是少数狡诈男子的恶作剧，而是一种广泛存在的婚俗文化。

上古时代，鲧腹生禹的传说，便是产翁制婚俗的真实反映。

屈原在《楚辞·天问》中问道：

永遏在羽山，夫何三年不施？

伯禹腹鲧，夫何以变化？

它的意思是说，鲧治水失败，尧把他放逐到羽山（今江苏赣榆县东），为什么三年不赦免？鲧的腹中怀着禹，是怎样生育出来的？

"伯禹腹鲧"的"腹"，原作"愎"，两字可通假，禹、鲧二字互倒，当为"鲧腹伯禹"。关于禹的出生有两个相反的传说。《史记·夏本纪》、《正义》引《帝王纪》说："鲧妻修己，见流星贯昴，梦接意感，又吞神珠薏苡，胸坼而生禹。""胸坼"，意为原始剖腹产。这是说禹为其母修己所生。另一传说本于《山海经·海内经》："鲧窃帝之息壤，以湮洪水，不待帝命。帝令祝融杀鲧于羽郊，鲧腹生禹。"郭璞注引《归藏·启筮》说，"鲧死三年不腐，剖之吴刀，化为黄龙"。这是说，禹为其父鲧死之后剖腹而生。"黄龙"在《国语·晋语》、《左传·昭公七年》均作"黄熊"，《史记正义》又作"黄熊"，即三足鳖。

《国语·周语上》说："昔夏之兴也，融降于崇山。"闻一多在《神话与诗》中说："融字从'虫'，字的本义也是一种蛇，龙。""崇山"在今山西襄汾县东南的塔儿山，属太岳山脉，"崇"为古国名。说明鲧降生于崇拜龙图腾部族的居住地。

禹母修己属于羌族"有莘氏之女"，是崇拜虎图腾的部族，有的古书说禹出于"西羌"，或出于"西戎"，长了个"虎鼻"，在面目上留下虎图腾的痕迹。

鲧腹生禹本是子虚乌有之事。鲧为了把禹争到自己的名下，借助于巫术假戏真做，"剖之以吴刀"，由巫师拿一把快刀给他做象征性的破产门仪式，表示禹是他生育的。

鲧腹生禹的产翁制，随着夏族父权制的确立和最先跨入文明社会，便逐渐在人们的意识中模糊起来。屈原对鲧剖腹生禹的传说百思不得其解，故作为一个问题提出来。后来的注释家也没有作出正确的回答。

关于禹出生的两种不同的传说，从表面上看似乎是矛盾的，实际上恰是当时由母系社会向父系社会过渡时期父母双方争夺子女权利斗争的具体表现。鲧腹生禹的产翁制不是孤立的现象，它不仅在中国其他民族中有过，在国外一些民族中也有过。

据史书记载和民俗调查，中国的仡佬族、越人、傣族和苗族都曾经有过产翁风俗。

北宋李昉等编撰的《太平广记》卷四八三引《南楚新闻》有关仡佬族和越人的风俗说："南方有僚（即"仡佬"），妇生子便起，其夫卧床褥，饮食皆如乳妇。稍不卫护，其孕妇疾皆生焉。其妻亦无所苦……越俗，其妻或诞子，经三日，便澡身于溪河，返，具糜以饷婿。婿拥衾抱雏，坐于寝榻，称为产翁。"

意大利人马可·波罗在元代游历中国,他在《游记》(《马可·波罗游记》)中对生活在今云南西双版纳的傣族盛行的产翁习俗作了具体描述:"妇人生子,洗后裹以襁褓,产妇立起工作,产妇之夫则抱子卧床四十日,卧床期间,受诸亲友贺。"

清代李宗昉在《黔记》卷四称:"郎慈苗……其俗更异,产生必夫守房,不逾门户,弥月乃出。产妇则出入耕作,措饮食以供夫及乳儿外,日无暇晷。"

上述材料表明,产翁为了从孕妇手中夺取对子女的所有权,便扮作产妇,坐享其成,反而让产妇在分娩之后出房操持家务,服侍自己和哺乳婴儿。一改产妇生育,男子前来慰问的习俗,它给产妇带来的苦痛是不言自明的,从中可见当时社会妇女地位的下降。

外国的民俗学称产翁制为"库瓦德"。据说,在美洲许多印第安人部落中,在非洲刚果地区和苏丹白尼罗河流域的丁卡人中,在日本的阿伊努人中,以及在法国、西班牙交界处的巴斯克人中,直到近代还保存着产翁习俗的余迹。

法国学者沙尔·费勒克在《家族进化论》(许楚生译)中对巴斯克人的产翁习俗作了这样的评论:"这种行动的方法,

一、中国古代原始社会的婚俗文化

供给了男子做他承认父权之用,为男子表明出来他对于小孩之权,也同于母亲对于小孩之权一样,在家族进化的方向中,做了由母权制度过渡到父权制度的阶梯。"他的话是对的。

我们现在再回到夏后氏的世系上来。传说,夏后氏的世系从颛顼开始,中经几代再传至禹,父权制才得到确立。马克思曾指出,划分母系与父系界限的标志,就是以个人的名字代替原来用动物名称标志氏族(《〈古代社会〉一书摘要》)。春秋时期,郯子有个说法,在黄帝、炎帝、共工、太皞、少皞时代,各以云、火、水、龙、凤作为氏族的标志,但是,"自颛顼以来,不能纪远,易纪于近,为民师而命以民事"(《左传·昭公十七年》)。从颛顼开始,取消了以无生物或动物的名称来标志氏族,改为按男系计算世系了。有些史学家认为中国古代母系社会向父系社会转变,完成于虞(舜)、夏(禹)之交,是比较符合历史事实的。

据田野考古报告,在河南告成镇的"王城岗"发掘出埋藏在地下的"王城"。在城内还发现许多新石器时代的器物。经过 C^{-14} 的测定和对遗址地层迭压关系、出土器物的研究,证明这个遗址距今四千年左右,恰与"禹都阳城"的年代大致符合。"阳城"是告成镇的古名。因此,关于夏民族的传说有可能会成为信史。

（七）古代的劫夺婚

劫夺婚，也称"掠夺婚"或"佯战婚"，它是以强行"劫夺"的方式为达到成婚目的的一种婚姻仪式。这种婚制是从母系氏族社会向父系氏族社会过渡的历史阶段中产生的。原始氏族成员由男从女居转为女从男居，是"人类所经历的最急进的革命之一"（《起源》）。劫夺婚是完成上述转变的一种表现形式。

关于中国古代的劫夺婚，在《易经》中保存了若干片断：

屯如邅如，乘马班如，匪寇婚媾（《屯》六二）。

乘马班如，求婚媾，往吉无不利（《屯》六四）。

乘马班如，泣血涟如（《屯》上六）。

贲如皤如，白马翰如，匪寇婚媾（《贲》六四）。

见豕负涂（土），载鬼一车。先张之弧，后说（脱）之弧，匪寇婚媾。（《睽》上九）。

上述诸卦象说的是带着弓箭、乘马前行的抢婚场面。故爻辞说，"匪（非）寇，婚媾"。《说文》："媾，重婚也。"段玉裁《说文解字注》释为"重迭交互为婚姻"。即两个联姻氏族或部落的男女相互婚配。爻辞说的"泣血涟如"，是指女子被劫时装出哭泣的模样。

所谓"劫夺婚"一般是假劫真婚。它是当时相当普遍的

一、中国古代原始社会的婚俗文化

婚姻形式。有的研究者把它解释为:"奴隶主携带武器,骑着壮大花马,抢劫妇女,迫使成婚。"这是对劫夺婚的误解。也有人认为抢婚是由原来的真抢变为摹拟性、象征性的婚礼仪式",这是把两种性质不同的"抢劫"混为一谈了。

在殷代奴隶社会,虽然经常发生奴隶主把战争中掠夺来的女俘当作妻、妾,但它不是我们在这里说的"劫夺婚",而是"妾制"的来源之一。

《左传·昭公元年》载:"郑徐无犯之妹美,公孙楚聘之矣。公孙黑又强使委禽(行聘)焉。犯惧,告子产。子产曰:'是国无政,非子之患也。唯所欲与。'犯请于二子,请使女择焉。皆许之。子晳(公孙黑)盛饰入,布币而去。子南(公孙楚)戎服入,左右射,超乘(跳跃上车)而出。女自房观之,曰:'子晳信美矣,抑子南夫也。夫夫妇妇,所谓顺也。'适子南氏。子晳怒,即而橐甲以见子南,欲杀而取其妻。子南知之,执戈逐之。及冲,击之以戈,子晳伤而归。"徐无犯之妹的婚事本为子南聘定,子晳却插入强迫行聘,想利用抢劫婚的习俗"欲杀(子南)而取其妻",引起一场武斗。这件婚事,做兄长的不敢做主,当政的子产也不能定夺,最后仍由待婚女子来选择。徐无犯之妹认为子南英武,是个男子汉,便嫁给他为妻。子晳恼羞成怒,要用武力夺取,结果"伤而归"。

子晰的行径，貌似劫婚，实为恶霸抢亲。后来，子产放逐了子南，是因为他将子晰打伤，要负刑事责任。

《仪礼·士昏礼》规定，男方"亲迎"所用的车具、服饰都用黑色（"载鬼一车"），因黑色被视为吉色。可能是受劫夺婚的影响。魏晋以后，云南的爨族仍实行劫夺婚。"将嫁女之前三日，（女家）执斧入山伐带叶松，于门外结屋，坐女其中。旁列米渐数十缸，集亲族执瓢、杓，列械环卫。婿及亲族新衣黑面，乘马持械，鼓吹至女家，械而斗。婿直入松屋挟妇乘马，疾驱走。父母持械，杓米渐洗婿，大呼亲友同逐女，不及，怒而归。新妇在途中故作坠马状三，新婿挟之上马三，则诸亲族皆大喜……新妇入门，诸弟抱婿持妇扑跌，人拾一巾一扇乃退"（曹树翘：嘉庆《滇南杂志》）。这段叙述，对于我们正确理解前面所引的诸卦爻辞内容是很有帮助的。

唐代是中国各民族的大融合时期。劫夺婚俗被中原地区的婚姻仪式所吸收，增添了"坐地安帐"（在屋外搭喜棚，也称"青庐"或"百子帐"）、"下婿""弄妇"等项目。一位英国文化人类学家在讲到蒙古族的劫夺婚时说，新郎身备武器，率同辈青年至女家幕舍，女家兄弟站在门前询问各人来意（即"拦门"），于是发生推拉、殴斗，经过短时间的模拟战斗,乃延请攻击者进入幕中(维斯托玛克著、王亚南译:《人类婚姻史·掠夺婚》)。

宋代诗人陆游在《老学庵笔记》中记述靖州蛮实行的劫夺婚也很真实:"嫁娶先密约,乃伺女于路,劫缚以归。(女子)亦忿争叫号求救,其实皆伪也。"清人桂馥的《黔南苗蛮图说》用插图形式对贵阳和都匀一带少数民族的劫夺婚也作了形象化的记录。

据民族工作者的社会调查,直到新中国建立前,这种婚俗文化尚遍及云南的傈僳、傣和景颇等民族中。在抢婚之前,青年男女已约好时间和地点,在男方抢劫时,女子装出呼救的姿态,通知家人和邻里出来营救,男子便赶快同伙伴把女子抢走,再派媒人正式向女家父母求婚,付出一定的彩礼。傣族的劫夺婚只限于在联姻群团之间娶第一个妻子时才被允许抢婚,而不是随便乱抢。

景颇族的婚俗,除了"讨婚"(称"迷奔","迷"即妻子,"奔"是讨、拉的意思,可译为"送上门来的妻子")和"偷婚"(称"迷考","考"是偷的意思)之外,也实行劫夺婚。景颇族人认为"劫夺婚"(称"迷噜","噜"是抢的意思)比讨来和偷来的妻子吉利,所以它就成为最风行的一种婚配方式(杨汝娴:《中国少数民族婚姻家庭》)。

景颇青年男女经过相串(称"干脱总"),大都能结为夫妻。或是男方看中某个姑娘,便设法同她接近,乘机偷取她身上一件东西,如针线、挂袋、头帕或纺轮。然后,请巫师(称"菩萨")打卦,卜问吉凶(类似汉族的"纳吉"),如果"卜合",便请"勒脚"(男方媒人)到这个姑娘村中物色一个"强通"(女方媒人)作内应,商定抢婚日子。抢婚那天,由"勒脚"带着男方的两伙青年隐蔽在姑娘村子附近,等待"强通"把姑娘骗出。前来负责抢婚的人便突然跳出来将她劫走。由"强通"出面带着另一伙人拿着礼物通知姑娘父母说,"你家姑娘已被某村某家劫去"。若女家同意,便立即议定聘礼,同时将姑娘被劫的消息派人通知姑娘的舅舅和邻近亲朋,由舅舅牵头到男家去参加婚礼。如果女家不同意这桩婚事,只得作罢。

傣族规定在娶第一个妻子时,可以在联姻集团中给自己中意的姑娘家长送彩礼,然后把她抢走。这种以男子的意志强加给女子的婚姻,迫使女子用逃婚的方式进行反抗。如果她能躲过男方的搜寻,便可以另行择偶。但逃婚者要退回男方的彩礼。有的家长不愿退回彩礼,往往不支持女儿逃婚,社会舆论也认为逃婚是不讲信义,从而使逃婚者陷入困境。从这里可以看出,父权制在社会生活中已具有很大的影响力。

一、中国古代原始社会的婚俗文化

女子为了争取自己享有的权利,在婚姻问题上除了表现为逃婚外,还表现为抵制出嫁和婚前哭嫁的抗争,此种竟相沿成俗。

所谓女子抵制出嫁,就是新娘在新婚之夜不与新郎同房,而是要送亲的妇女伴宿。新娘第二天在夫家挑几担水,又回到娘家,仍旧过着自由的性生活。在她有了身孕后,丈夫才把她接回来"坐家",从此不准她再有外遇。普米族女子有"三回九转"的婚俗,说明结婚次数之多,只是在第四次结婚时才算数。因此,新娘从第一次结婚再到夫家去"坐家",少则二三年,多则十几年。布朗族青年男女要举行两次婚礼,第一次在新娘家中举行,新娘仍住在娘家,过了三年,新娘去男家举行第一次婚礼,才算正式夫妻。

还有一些少数民族的姑娘在婚前有"哭嫁"的习俗,反映出她们留恋娘家,对陌生的男家怀有畏惧的心理。如汉魏乐府民歌《白头吟》:"凄凄复凄凄,嫁娶不须啼。愿得有心人,白头不相离。"女子之所以伤心啼哭,就是因为她对所嫁的男子是否是自己的"有心人"深怀忧虑。湘西土家族流传一首"哭嫁歌",歌词非常悲切。"我的爹,我的娘,你下贱的女儿像香炉脚下的纸钱灰,狂风一来纷纷飞。像山上的小鸟,长大离娘飞,一无歇枝,二无窝归,今朝飞去何日回！"她们对自己婚后的命运感到惶惑。

（八）原始社会末期的个体婚

对偶婚的男女实行长期同居，便形成一夫一妻的个体婚。中国古代母系氏族社会向父系氏族社会转变并非瞬间的突变，而是一个漫长的过程。《尚书·舜典》的"敬敷五教"，旧注为"父义、母慈、兄友、弟恭、子孝"。说明在虞舜时期还没有明确的夫妻伦理道德规范，这是现实生活中夫妻关系尚不十分稳定的一种表现。

当社会财富出现私人积累，尚未达到阶级划分之前，这时的个体婚具有两个特点：一是对偶男女在相互选择中实行长期的同居关系，由此产生了爱情的萌芽，这是人类感情世界中一种特殊感情，不能用其他感情来代替。因此，爱情具有专一性和排他性，这是排斥群婚的伟大进步。二是个体婚的男女占有共同经营的家庭经济，使个体家庭从母系氏族中分离出来得以成为现实，它对母系氏族社会起到瓦解作用。同时，这种经济生活也给爱情带来自私性和对应性。

汉语的"家"字，在甲骨文中意为养猪的猪圈，表示财富的私人占有。这是原始氏族集体养猪私有化的结果。在纳西族的东巴文中，主人这一家意为房子里有一对夫妻。从字

一、中国古代原始社会的婚俗文化

体不同的角度和喻意上反映出原始社会末期,一夫一妻个体婚的形象。

比如,游牧在东北额尔古纳河畔的鄂温克族是个还未进入阶级社会的民族。它的婚俗文化便具有个体婚的特点。

据说,鄂温克的青年男女可以自由地选择对象,在订婚前虽需通过媒人说合、父母同意的程序,但最后的决定权仍操于当事人的手中。父母只表示意见,不能专断。订婚后,男家向女家赠送驯鹿、酒和灰鼠皮等礼物。结婚时,男方的"乌力楞"("家庭公社")成员便向女方居住的地区移徙和靠近。

结婚那天,新郎及其亲属先到女家,由一个手持神像的老者走在最前,牵驯鹿的人走在最后。女方也以同样的队伍相迎。新郎新娘相遇后,先和老者手中拿的神像接吻,然后两人相互行礼。两人从男方送来的驯鹿中挑出两只最好的各牵一只,绕女方的"仙人柱"("个体家庭")走三圈,然后入"仙人柱"参加喜宴。宴会结束,男方的客人告别回去,新郎则留在女家与新娘度过新婚之夜。次晨,新郎领着新娘回家,女方家长牵着新娘的驯鹿群陪送他们回去,新娘就算正式出了嫁。由于男女双方由相爱而结合,很少反目离婚,家长陪送的驯鹿是他们婚后生活的共同经济基础。

寡妇再嫁,被看作一件好事,社会舆论对她们持同情和支持的态度。

"婚姻"这个词的概念，有广义和狭义两种。广义的概念指原始群婚的男女发生的性关系。狭义的概念则指两个相爱的男女依照一定社会规范结为夫妻。这时，"婚"，即黄昏的"昏"，封建时代"娶妻以昏时"的说法，便保留了它的遗意。"姻"，同"因"，张揖在《广雅·释诂》说："因，友、爱、亲也。""婚姻"的本义就是相爱的男女在黄昏时结合。《诗经·陈风·东门之杨》："东门之杨，其叶牂牂。昏以为期，明星煌煌。"诗中描写的就是青年男女在黄昏时幽会的情景。

马克思在《〈古代社会〉一书摘要》中转引摩尔根的观点说，原始社会的男女"对爱情一无所知，他们还没有发展到足以理解爱情的地步，因此，婚姻不是以感情，而是以方便和需要为基础"。我们认为，这个观点对于原始群婚（从血族婚到对偶婚）来说，未尝不正确。但它对于原始社会末期的个体婚来说，显然是低估了人类感情生活所达到的水平。

比如，生活在中国云南的基诺族在新中国成立初期还处于原始父系氏族社会的发展阶段。但该族人民就很懂得爱情。该族的男女青年在十六七岁举行成年仪式后，就可走入社交的圈子，他们各参加名叫"饶老"或"米考"的社团组织，开始结交异性朋友，经过"巴漂"（私下相恋）、"巴宝"

（把爱情关系公开于众）和"巴里"（追求同居）等三个阶段，表明双方的爱情已趋于成熟，再由父母出面议婚，订婚，举行结婚仪式。

傣族青年在成年后，也参加各自的社团组织，并各有首领。男青年的首领称"乃欧"，女青年的首领称"乃绍"。他们由选举产生，其职责是让各自的成员懂得社交和婚配的习俗与规矩，调解相互之间出现的矛盾。他们通过"丢包""赶摆"等社交活动以寻找意中人。可见，男女青年的结合是以爱情为基础的（杨汝娴：《中国少数民族婚姻家庭》）。

《周易·系辞》以"近取诸身"（由内反思）和"远取诸物"（直观外推）的思维方式将世界万事万物的发生、发展、衰亡的规律，抽象为是"阴""阳"两种对立、统一的元素所发生的作用。"天地氤氲（充满云气），万物化醇（变化多端），男女媾精，万物化生（变化生长）"。自然界由阴阳二气交感而产生万物，人类由男女交媾而繁衍后代。《周易·咸卦》说："咸，感也。（阴、阳）二气感应以相与，止而悦，取（娶）女吉也。"强调男女在相互接触中使双方感情达到欢悦的程度，结婚才吉利。这是对原始社会末期一夫一妻的个体婚以爱情为基础这一点所作的正确说明。

随着父权制的巩固和一夫一妻制的定型化，男子在社会和家庭中的地位也凌驾于妇女之上。原来夫妻间的相依相待关系变成主从、尊卑关系，"男尊女卑"的观念于是应运而生。这在发掘出来的一些墓葬形式上有所反映。如武威皇娘娘台发现二十四号成人合葬墓。男性居中仰卧直肢，女性侧身屈肢，位于男性两侧，面向男性。甘肃永靖齐家文化的公共墓地，发现男女合葬墓，其中成人合葬墓十六座，男性为仰身直肢，女性为侧身屈肢，均位于男性左侧。一个"仰卧直肢"，一个"侧身屈肢"。身份的悬殊，何等明显！

二、中国奴隶制的婚俗文化

  中国古代原始社会在夏代解体，中原地区最先进入阶级社会。由于中国各地区的经济、政治和文化的发展极不平衡，所以有些地区、有些民族的发展很缓慢。"礼失则求诸野"，我们研究古代社会可以用现存的民族地区的社会情况作参照系。

  关于夏代的历史还未得到考古发掘材料的证实。史学界对商、周两代的社会性质也存在奴隶制与封建制的不同争论。从婚俗文化所反映的社会内容来看，不应忽视这样一个事实：在春秋时期，中原地区存在的"蒸""报"婚，"媵""妾"制，自封建地主阶级登上历史舞台，它们便衰落了，而在边远地区实行奴隶制的游牧民族中仍盛行这些婚姻形式，西藏地区的一妻多夫制也是与封建农奴制相联系的。

  因此，我们把这三种婚姻形式划入奴隶制的婚俗文化。

（一）古代的"蒸""报"婚

在上古原始社会末期从对偶婚到一夫一妻制的转变过程中，一些部族和部落首领凭借自己手中的权力和优越的社会地位侵占社会公共财物，并争夺战争胜利品——土地、财货和奴隶，用来扩大私有制的基础，促使家庭发生变化。"插入了男子对女奴隶的支配与一夫多妻制"，在社会生活中，"奴隶制与一夫多妻制共存"（《起源》）。

在劳动群众的家庭中，由于夫妻共同劳动使个体婚原有的平等、朴质和亲睦的美德得以承传。而奴隶制家庭中的男性家长因获得对妻子、儿女和奴隶的支配权利，使一夫一妻制变成仅是妇女单方面遵守的义务，丈夫则可以多娶。这种婚姻的表现形式之一，就是"蒸""报"婚。

"蒸""报"婚，也称"收继"婚，或"转房"婚。《左传》中讲的"蒸"，是指父亲死后，儿子除生母之外，可以娶庶母；"报"，是指兄、叔死后，弟弟和侄儿可以娶寡嫂或婶母。"蒸""报"原是祭祀名，后来因收继庶母、婶母或寡嫂时要祭祀祖先，以期得到祖先的了解，求得心灵上的安慰，而成为婚姻名称。超出这一范围的两性关系，称为"旁淫"，或称为"通"。"蒸""报"婚是符合当时社会道德规范的婚姻制度，而"通"则被视为"淫乱"，并受

二、中国奴隶制的婚俗文化

到社会舆论的谴责。

《左传》是一部记录春秋到战国初期（前七二二—前四六八）东周王朝和各主要诸侯国盛衰兴亡的编年史。该书记载，鲁国无"蒸""报"婚的个例。书中所记的几条"蒸""报"婚材料，出自东方的齐，西方的秦，南方的楚，以及中原的晋、郑、卫、宋等国。造成这种差别的主要原因，在于鲁国的自然条件适宜于发展农业，鲁国统治者对农业的开发也最早，加之洙、泗儒家重名分，它的"夫妇之别""长幼有序"的思想在鲁国影响很大，对"蒸""报"婚起了隔离、抵制的作用。其他国家的农业改革都迟于鲁国，儒家思想在这些国家也比较薄弱，"蒸""报"婚有了生存的土壤。

进入战国时期，地主阶级的封建制迅速建立起来，"蒸""报"婚便丧失了它依存的社会基础，但在边疆的牧业社会中这种婚姻形式却伴随着奴隶制而经久不衰。

"蒸""报"婚与"旁淫""通奸"的主要区别：一是"蒸""报"婚仅限于儿子与庶母，侄儿与婶母，弟弟与寡嫂之间的婚配关系。二是"蒸""报"婚一般可以生育子女，他们享受合法的社会地位，能立为诸侯的世子或嫡夫人，而"私通"所生的子女则受到社会歧视。三是因"蒸""报"婚是合法的婚配，所以不产生什么恶果，而"私通"是非法的，有损于家庭利益，故往往造成贵族集团内部的矛盾和冲突。

下面，根据史书记载，摘举一些"蒸""报"婚的实例：

《楚辞·天问》说："惟浇在户，何求于嫂？何少康逐犬，而颠陨厥首？女歧缝裳，而馆同爱止？"传说女歧是豷的妻子，豷与浇是兄弟。这里问的是在豷死后，浇为何在嫂子缝裙子的时候，要和他同居。这就是"蒸""报"婚。

《左传·闵公二年》记载："初，（卫）惠公之即位也少，齐人使昭伯烝于宣姜，不可。强之，生齐子、戴公、文公、宋桓夫人、秦穆夫人。"宣姜是齐国女子，嫁给卫宣公为夫人。宣公死后，按婚俗习惯应由惠公的庶兄昭伯（公子顽）收继，昭伯不同意，齐国逼迫他收继宣姜。卫惠公是宣姜亲生之子，对母亲再婚也不以为耻。宣姜与昭伯生了三男二女，同样享有尊贵的地位。用下图表示：

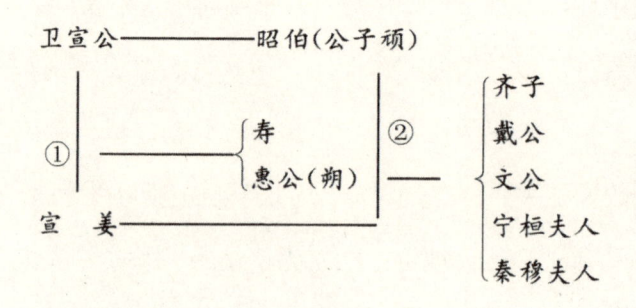

```
卫宣公─────────昭伯（公子顽）
   │         ┌寿         ┌齐子
   │①       │           │戴公
   │         │         ②│文公
   │         └惠公（朔）  │宁桓夫人
宣 姜─────────            └秦穆夫人
```

二、中国奴隶制的婚俗文化

齐国是宣姜的娘家，要强迫昭伯娶他的婶母为妻。但齐人却在僖公元年将鲁庄公的夫人哀姜杀死，因为她与庄公的弟弟庆父私通，庄公死后，他们又乱鲁政，可见，私通是非法的。

《左传·文公十六年》记载："宋公子鲍礼于国人。宋饥，竭其粟而贷之……公子鲍美而艳，襄夫人欲通之而不可。夫人助之施。昭公无道，国人奉公子鲍以因夫人……宋昭公将田孟诸（今河南省商丘东北），未至，夫人王姬使甸帅攻而杀之。"以下图表示：

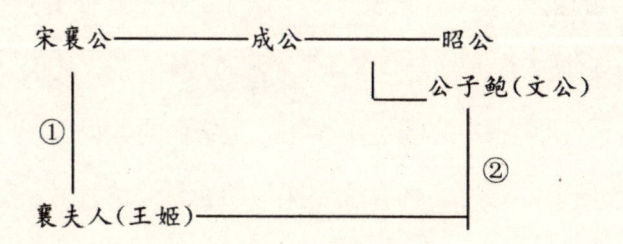

```
宋襄公————————成公————————昭公
  │                        └──公子鲍(文公)
  ①                          ②
  │                          │
襄夫人(王姬)─────────────────┘
```

襄夫人是周襄王之姊，宋襄公的夫人。宋襄公死了多年，襄夫人已是年近六十岁的老妇。她看见自己的庶孙公子鲍长得年轻漂亮，动了春心，要与他私通，庶孙娶嫡祖母违反"蒸""报"婚的惯例，被公子鲍拒绝。这时，恰值宋国发生饥荒，公子鲍放粟赈饥，襄夫人趁此机会，也拿出私房帮他赈饥，赢得国人的好感，大家便劝告公子鲍去亲近她，促

51

成他们的婚事。由于这件婚事是国人支持的,所以他们的结合就不会受到社会的责难。而且,她趁着嫡孙昭公出外打猎的机会,叫人将他杀死,立她的新丈夫公子鲍为宋君。

"蒸""报"婚具有奴隶制粗暴、野蛮的特性。即使是国君的女儿,被男方用聘财娶走以后,她也便成为男方家族中的一宗活财产。丈夫死后,她必须按规矩转房给本家、本族中的其他男子。这在当时是合乎道德规范的。

在地主阶级的封建制确立后,"农耕女织"的小农经济成为封建社会的经济基础,从而形成"夫、妇有别""长幼有序"的封建伦理道德规范。"蒸""报"婚便失去存在的意义,它被人们看成与"旁淫""私通"无异的"乱伦"淫行,致使一些研究者对它的历史真相产生错误的认识。

改革旧的婚姻习俗,需要采取综合治理方法才能奏效。《汉书·王尊传》说:"初元(汉元帝年号)春正月,美阳(今陕西省武功县)女子告假子(养子)不孝,曰,'儿常以我为妻,妒笞我'。"王尊是美阳县令,他接状后大怒,派吏卒把这个养子收捕,验问实属,就把他绑在大树上用乱箭射死,"吏民惊骇"。王尊对"蒸""报"婚进行严厉的打击,加速了移风易俗的进程,在汉王朝统治区内逐步肃清它的影响。

二、中国奴隶制的婚俗文化

然而,在汉朝统治区周边的少数民族仍实行"蒸""报"婚。汉王朝与乌孙、匈奴实行"和亲",这些远嫁异域的汉家姑娘都遇到"转房"的问题。如汉元帝将王昭君嫁给南匈奴呼韩邪单于,生了一个儿子,呼韩邪死后,按匈奴婚俗,她必须嫁给呼韩邪匈奴阏氏之子为妻,即儿子妻庶母。"昭君上书求归,成帝勒令从胡俗"。她只得遵命从俗。用下图表示:

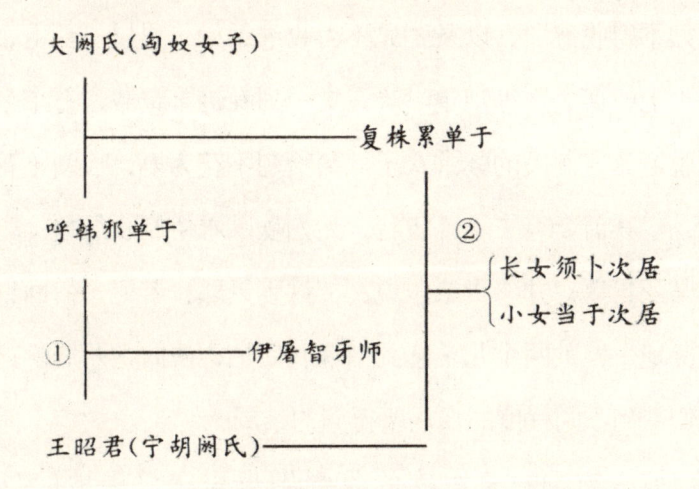

```
大阏氏(匈奴女子)
            ┬──────── 复株累单于
                              ②┬ 长女须卜次居
呼韩邪单于                        └ 小女当于次居
         ①┬──── 伊屠智牙师
王昭君(宁胡阏氏)┘
```

汉朝以后,中国周边少数民族仍盛行转房制。郑樵的《通志四夷传》称:"党项羌……妻其庶母及伯庶母、兄嫂、弟妇,淫秽蒸报,诸夷中为甚。"党项羌是藏族的先民。转房的范围包括兄长纳弟妇。

南北朝时期,北周宇文阐将一位千金公主嫁给突厥他钵可汗,他钵可汗去世,其子沙钵略将她收继,沙钵略死后,千金公主又被沙钵略的儿子雍虞闾收继为妻。一位千金公主如同财物、牛马辗转于三代人之手（《北史·突厥列传》）。

钱良择在《出塞纪略》中记述元代蒙古族的婚俗说："父死妻后母，兄弟死各妻其妻，子死，亦妻其妇"。蒙古族入主中原后，婚俗发生双向性的影响。一方面它受到汉族封建礼教的熏陶，对收继制加以改革，在法律上做出"守志妇不得收继"，以及"兄不得收继弟妇，男杖一百七，妇九十七，离之"等规定。《元史·列女传》记载，有个名叫脱脱尼雍吉剌氏的蒙古女子嫁给哈剌不花为妻，哈剌不花去世，"其前妻有二子，皆壮，无妇欲以本俗制收继之。脱脱尼以死自誓，并怒责二子说："欲妻母耶！若死，何面目见汝父地下？"两个儿子感到惭愧和后怕，便向她谢罪。这是他们受到不同程度的汉化所得到的结局。

另一方面，蒙古族的收继婚也引起汉族地区旧的"蒸""报"婚的回潮。《明律集解·户婚》规定："若收祖父妾及伯叔母者，各斩。兄亡收嫂，弟亡收妇者，皆绞。"明朝政府用"斩""绞"等重刑来禁止收继婚，这就表明当时这种婚俗已成为一个必须解决的社会问题。

在蒙古故地，蒙古贵族集团仍沿习收继婚。"三娘子"多次转房就是一个突出例证。"三娘子"，又称哈屯

二、中国奴隶制的婚俗文化

（一五五〇——一六一二），是个机灵干练、能文善武、举止风流的女子。她的外祖父俺答是蒙古族的盟主。最初，俺答要把她许配给把汉那吉做自己的孙媳妇，因见她"貌美"便夺为己有，是外祖父娶外孙女。她劝说俺答放弃与明朝的敌对立场，加强友好往来，"佐俺答主贡市"，起了重要作用，是个应予肯定的历史人物。明朝封她为"忠顺夫人"。俺答去世，按蒙古婚俗，她应转房给俺答儿子黄台吉。哈屯嫌黄台吉"老且病"，加之彼此政见不合，便率众西走，明朝政府为了保持蒙古地区的稳定和维护汉蒙的友好关系，派总督郑洛劝说二人和好。哈屯为了顾全大局，与黄台吉委曲成婚，是舅父娶外甥女。不久，黄台吉病死，其子扯力克袭位，郑洛又去做哈屯的思想工作，转房给扯力克，是舅表兄妹婚。扯力克死后无嗣，由他的孙子卜失兔袭位。"三娘子"又被他收继。是孙儿娶老祖母（《明史·鞑靼传》）。用下图表示：

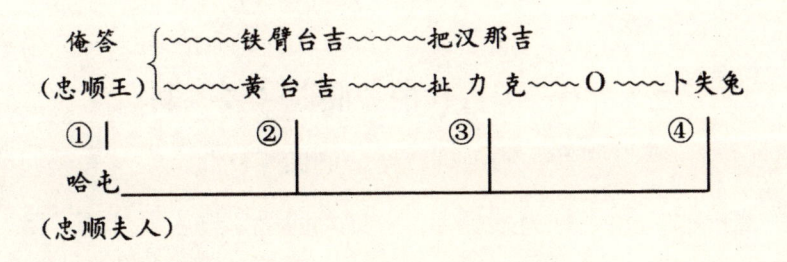

```
俺答  ┌─~~~铁臂台吉~~~把汉那吉
(忠顺王)└─~~~黄台吉~~~扯力克~~~O~~~卜失兔
  ①│      ②       ③        ④
  哈屯
(忠顺夫人)
```

"三娘子"哈屯可称是个"天姿国色"的美女,她为了减少战争对群众造成的祸害和发展蒙汉两族人民的友谊,在个人的爱情、婚姻问题上作出了巨大的牺牲,在她多年的经营下,修筑了一座城堡——归化城(今呼和浩特)。这座城市的政治、经济、文化在当时都很繁荣,成了象征蒙、汉友谊和哈屯业绩的一座丰碑。哈屯逝世后,人们称它为"三娘子城",表达广大人民对她的深切爱戴与怀念。

在历史上为什么会出现这种"蒸""报"婚?

《史记·匈奴传》记载,有个投降匈奴的汉奸中行说(悦)与汉朝使臣辩论时,曾对此作过解释。他说:"匈奴之俗……父子兄弟死,取(娶)其妻妻之,恶种姓之失也。故匈奴虽乱,必立宗种。"这里说的"宗种",就是以血缘组织起来的共财制大家庭。为了确保本族财产(牲畜、土地、妻妾)和血缘不出问题,便让子弟"以直接资格继承他们父亲的财产"(《起源》)。

(二)古代的"媵""妾"制

"媵""妾"制是周代宗法制度实行的一夫多妻制的变相形式,也可称为嫡、妾制。统治阶级家庭中妻分嫡、庶,其所生的子女便有嫡、庶之别。

二、中国奴隶制的婚俗文化

商代三十几个帝王中大多实行一人一配的多妻制,如成汤配妣丙,太甲配妣辛。武丁有三配,并非同娶三女,而是原配早死,王后被废,又立新后,也是一人一配。武丁有六十多个妻,她们虽有财产多寡、势力大小之差,从甲骨文资料看,她们统称为"帚"(妇)。在卜辞中,"妻""妾""母"三字同义,还保留了一些母系氏族社会的痕迹。

一九六七年在河南安阳殷墟遗址发掘出妇好墓,墓中出土了大批用于宴享和祭祀用的青铜器和铜钺。有的器物上刻有"妇好"二字铭文。墓主是个杰出的的女政治家、女军事家,死后享有崇高地位,但她仍称"妇"。可知她只是武丁众妻中的一个妻。商代后期,王位继承变成父传子的制度,在婚姻制度上是否已出现嫡、妾的明确分化,尚需研究。

"媵""妾"制指一个贵族男子娶妻,这个妻的侄、娣(妹)也随她一同陪嫁。这种侄、娣随姑、姊同嫁一个丈夫的婚俗是上古亚血族婚的遗俗和当时一夫多妻制在宗法制下的结合。

《春秋公羊传·庄公九年》说:"诸侯娶一国则二国往媵之,以侄娣从。侄者何?兄之子也。娣者何?弟也。诸侯一聘九女。"

何休在《公羊传解诂》中解释道:"必以侄、娣从之者,欲使一人有子，二人喜也，所以防嫉妒，令重嗣也。因以备尊尊、亲亲也。"按照上述说法，可以图示如下：

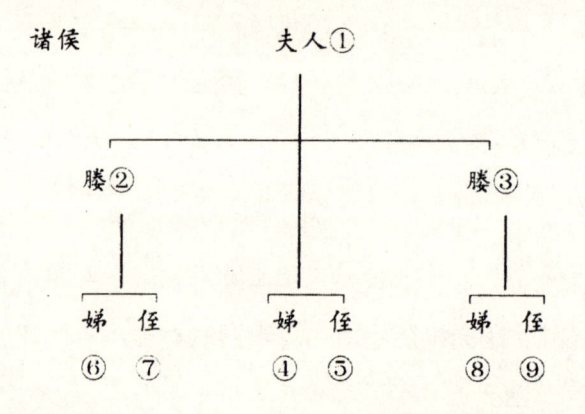

```
   诸侯         夫人①
                │
     ┌──────────┼──────────┐
     │          │          │
    媵②        媵③         
     │          │          │
   娣 侄      娣 侄       娣 侄
   ⑥ ⑦       ④ ⑤        ⑧ ⑨
```

在春秋时期，一个夫人带侄女或妹妹随嫁，或一国嫁女，别国送媵的例子并不少见，却构不成上述的模式。公羊高与何休的说法实际上是他们依据史料中的某些情况加以主观编排的东西。

《左传》记载齐桓公有三个夫人，王姬、徐嬴、蔡姬，又有六个"如夫人"，长卫姬、少卫姬、郑姬、葛嬴、密姬、宋华子，好像是一娶九女，其实不然。因为一娶九女，只能有一个夫人，而他的三个夫人不可能是同时娶来的。《左传》说他"多内宠"，却只是举出六个，当然还有没举出来的。

《左传·成公八年》："卫人来媵共姬，礼也。"共姬是鲁成公的姊妹，称"伯姬"，因她嫁给宋共公，又称宋共姬。

二、中国奴隶制的婚俗文化

她嫁给宋共公时，有卫、晋、齐三国来媵，而不止"二国"。

《诗经·大雅·韩奕》对韩侯的亲迎场面作了生动的描绘：

韩侯取妻，汾王之甥，蹶父之子。韩侯迎止，于蹶之里。百两（辆）彭彭，八鸾锵锵，不（丕）显其光。诸娣从之，祁祁如云，韩侯顾之，烂其盈门。

"韩侯"的祖先是周武王的儿子，他娶的是姞姓姑娘，故称"韩姞"。传说她是周厉王的外甥女。因周厉王被国人驱逐到汾水边的彘邑，死在该地，所以称他为"汾王"。她的父亲叫"蹶父"，是周宣王的重臣，享有采邑，故称"蹶里"。"韩侯"带着许多车辆到女家亲迎，车辖辘声和车铃声响成一片，很有气派，新娘上车，后面跟着一群"诸娣"，像彩云般地簇拥着她。"韩侯"回头一看，门前呈现出灿烂的光彩。诗中随韩姞出嫁的姑娘可能是同族的女子，不像是"诸侯一娶九女，二国往媵"的情景。

儒者认为"媵""妾"制有"防嫉妒、重继嗣"的作用，或者如《周易·归妹》说的"归妹以娣，跛能履，征吉"。把"媵""妾"制比喻成能够穿鞋走路的跛脚，可以得到好处。我们用当时各国统治阶级内部因争权夺利而发生的"放""杀"事件来验证，它完全是骗人的鬼话。

59

"媵""妾"制与"烝""报"婚在各自流传过程中不是绝缘的，它们往往发生交叉现象。《左传哀公十一年》载："初，（卫大叔）疾娶于宋子朝，其娣嬖，子朝出，孔文子使疾出其妻而妻之。疾使侍人诱其前妻之娣……而为之一宫，如二妻。文子怒……遂夺其妻……卫人立遗，使室孔姞。"用下图表示：

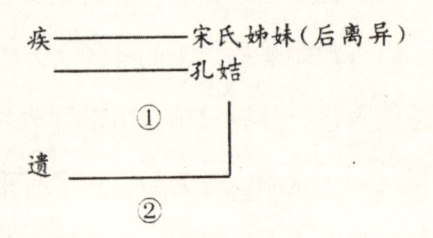

```
疾————————宋氏姊妹（后离异）
  ————————孔姞
         ①
遗
         ②
```

疾娶宋氏姊妹，是"媵""妾"婚，疾被迫出走之后，他后娶之妻孔姞被其弟遗收继为妻，又是"烝""报"婚。

由于宗法制和后来的封建制都是等级制，因此，"媵""妾"婚俗到封建社会仍有不同程度的表现。如宋仁宗的周贵妃四岁随姑母入宫，长大后被仁宗纳为贵妃，就是媵制的孑遗。蒙古驸马娶满族皇室的姊妹为妻，也是这种婚俗。

"媵"婚的姑、姊出嫁，后是嫡妻，随同陪嫁的侄、娣处于从属地位，故也称"妾"，如果嫡妻被休，娣侄就受牵连，"妾从女君而出"。刘熙的《释名》："侄娣曰媵，媵，承也，

二、中国奴隶制的婚俗文化

承事嫡也。"此外,还有陪嫁的奴婢。传说伊尹是"媵臣"。后世的陪房丫头,如《红楼梦》里王熙凤的平儿也属于媵制的余脉。

"妾"的来源有三种:第一种是上面说的随嫁的侄、娣,她们出身于贵族之家,身份尊贵,故称"贵妾"。到了男家,她们的地位依姑、姊是否受丈夫的宠幸为转移,但是侄、娣得宠的也不乏其人。第二种是出身低微的女子,由于受到男子的宠爱,也能跃居贵夫人之位。如鲁庄公爱上"党氏之孟女(大姑娘),许立为夫人,割臂以盟"(《史记·鲁周公世家》)。贵族男子在家中有绝对的支配权,没有什么固定不变的礼法可以约束他们的意志。第三种是服劳役的奴婢。她们或是被掠夺来的女子,"内宠之妾,肆夺于市",或是收买来的贫家女子,或是罪犯妻女。这些妾在主人死后要被迫陪葬。如晋国的魏武子生病时,要儿子魏颗把他的妾嫁出去,魏武子病危时,又要他的妾给他陪葬。魏颗认为他父亲先前说的话是在他神志清醒时说的,后来说的话是他在昏迷时说的。他便把这个妾改嫁出去,使她得到一条活路(《左传·宣公十五年》)。

贵族男子宠幸妾,使妻子受冷落和感到难堪,从而产生嫉妒。这是妻子的一种自卫心理的反映,她要求从丈夫那里得到自己的正当权利。但她却错误地认为丈夫对自己的不忠是妾诱惑所造成的，因而把满腔积怨发泄到被丈夫染指的女子身上，对她们进行残酷迫害。这种报复方式是极端错误的，而她们自己最终被扣上"妒妇"的恶名，也不免遭到男性的报复。

《魏书·刘昶传》载：昶子刘辉娶兰陵公主后，常私与公主侍婢偷情而使之怀孕，公主发觉后，非常气愤，将这个侍婢鞭笞至死，"剖其孕子，节解，以草装实婢腹以示辉"。公主落下"妒"名，被太后接回后宫。不久，刘辉又故态复萌，与另外两个女子私通。公主与他争辩，他将公主打伤致死，便畏罪潜逃，终被捕获，后遇救被释。搞得家破人亡。

《龙兴慈记》载：常遇春是明朝的开国元勋，所以朱元璋赐给他几个宫女。一天，他早起盥洗，看见宫女的手不禁失声称赞道："好白手！"就上朝去了。他回家后看见一个红盆，打开一看，"乃断宫人手也"。遇春受到强烈刺激，在朝中举止失常。朱元璋问明情况后，一方面召他入宫饮酒，另一方面命力士肢解其妻。然后，对遇春说，此乃"悍妻之肉"。遇春一听，顿成"癫痫"。朱元璋又命礼部官员给遇春妻一个木碗、一根枯杖，命令她沿着功臣之门"求乞作状"。这条材料不见于《明史·常遇春传》，但由它来揭露妻、妾制对人性的扭曲，以及它所造成的罪恶是令人发指的。

"媵""妾"婚，也被称为妻妾型的一夫一妻制，它与中国古代有些少数民族统治阶级实行的一夫多妻制有所不同。《元史·后妃表》称，蒙古可汗多后并嫡，"其居有斡尔朵（营帐）之分"。如元太祖（成吉思汗）有四个斡尔朵。如下图所示：

元太祖 ｛ 大斡尔朵————皇后七人，妃一人。
第二斡尔朵————皇后四人，妃四人。
第三斡尔朵————皇后七人，妃三人。
第四斡尔朵————皇后五人，妃七人。

元太祖有皇后二十三人，妃（妾）十五人。这种婚配关系与中原地区的一后（妻）多妃（妾）制是不同的。

（三）西藏农奴制的婚姻遗俗
——一妻多夫制与其他

一妻多夫制在旧中国西藏地区的藏族、门巴族中表现得比较突出。它虽然保留着原始群婚的外壳，但已被打上封建农奴制的烙印，是私有制下的畸形婚姻与家庭。

新中国成立以后，在西藏境内先后发现了旧石器、中石器、细石器和新石器的遗址。说明青藏高原自古以来就有人居住。公元七世纪，赞普（王）松赞干布统一青藏高原各部，唐朝文成公主和金城公主先后与藏族赞普和亲，成为中华民族大团结的象征。

新中国成立以后，西藏地区仍停留在等级森严的封建农奴制的社会，人们被分为"格巴""差巴""堆穷"和"朗生"四个不同等级，男女通婚实行阶级内婚、血缘外婚的制度。

上述四个等级构成农奴主与农奴两个对立阶级。"格巴"，意为头人。他们的政治地位最高，占有大量土地、草场和庄园，一般为世袭贵族，是旧西藏的统治阶级。"差巴"，意为支差者，是农奴阶级中有正式户籍的阶层，以家庭为单位从"格巴"那里领种份地"差岗"（农奴主收取地租的支差单位）或"马岗"（给农奴主支兵差的单位，农奴种一马岗地，要出一名兵丁，并负担他的全部供给）。由于领种的份地多少不一，故贫富差别悬殊。其富有者是农奴阶级的上层。"堆穷"，意为小户，没有领取份地的权力，在政治上、经济上依附于农奴主或富裕"差巴"。支付繁重劳役，生活难得温饱，是农奴、牧奴阶级中的下层。"朗生"是承担"格巴"家中粗重家务和田间脏累劳动的家庭奴隶，主人对他们操有生杀予夺之权。这种阶级构成情况决定了他们的婚姻价值观、

二、中国奴隶制的婚俗文化

道德观以及通婚范围的不同特点,反映出藏族婚俗文化奇异的色调。

"格巴"实行严格的阶级内婚制,缔结婚姻讲究门当户对,父母包办。目的在于保证嫡传子孙血统的高贵和祖传的家业、官爵、权势不被分散。如果"格巴"女儿下嫁给非类人家,她的身份、地位也随之下降。同样,"差巴"也绝不与"堆穷""朗生"阶层通婚。"堆穷"和"朗生"也只能在自己阶层中寻找配偶。"堆穷"的男女青年在婚姻上比"格巴""差巴"和"朗生"的男女青年有较多的恋爱自由。他们可以在生产劳动中,或节日集会上相互接触,自由相爱,父母不包办他们的婚姻。但"堆穷"因受封建农奴制人身依附关系的束缚,他们的婚配,首先要取得各自领主的允许,离开领主要交纳赎身费,或是给领主一个有劳动力的农奴相交换,才准结婚。如有一方领主不同意,势必把鸳鸯拆散,而造成种种婚姻悲剧。"朗生"是"格巴"的家奴,他们的婚姻完全听命于领主的旨意。有些领主不准"朗生"结婚,他们只能"非法"地结合,人身权利毫无保障。

藏族封建农奴制的婚姻以一夫一妻制的个体婚为主,其次为一妻多夫制,而一夫多妻制的婚姻形式是"人类的奢侈品",它在藏族地区也不例外。

藏族的一夫一妻制以男娶女嫁的类型居多，新婚夫妻在男方家庭中生活，不另立新家。这样，就产生婆、媳间的关系。新娘结婚时有一项不可缺少的仪式，就是把自己在出嫁前制做的一件长盘袄（称"九毛救拉"）献给婆婆，表示对长辈的体贴和尊敬，并且唱献"九毛救拉"歌：

敬一杯酒呀！

尊敬的婆婆听：

在家全靠父母养，

出嫁全靠你操心！

引路指道多费神，

恩情比海深。

献上"九毛救拉"，表示一片心。

其次，为赘婚。如女家有女无儿，便招赘婿入门，继承产业。一般只许长女招赘，长女去世，妹妹才能与姐夫同居。赘婿不能同时占有姊妹。还有不少青年男女在结婚后便脱离原来的家庭，另立新家。

藏族的一夫多妻不同于汉族官僚和富贾的娶妻纳妾。藏族男子的诸妻间具有亲属关系，一是姊妹共夫，若男方家中缺乏劳动力，可将妻妹接到家中料理农田，从而由一夫一妻变为姊妹共夫。两个妻子各居一室，丈夫则轮流和她们同居。

二、中国奴隶制的婚俗文化

所生的子女对非生母称姨母。二是母女共夫，存在两种情况：一是中年寡妇带着适龄女儿招夫，支持门庭。只要母女同意，继父能与养女同居；二是男子丧偶，续娶的妻子带来幼女，待她长大成人，后父可与养女同居，母亲生的子女称其女儿为阿妈，女儿生的子女称其母为莫拉（姥姥）。姊妹共夫和母女共夫都是原始氏族外婚制的残存形式。这与旧西藏社会发展停滞，交通、文化闭塞和经济落后有直接关系。

一妻多夫是西藏地区比较突出的婚姻现象。它大量地出现在农奴主阶级的"格巴"和农奴阶级的"差巴"阶层。包括父子共妻，兄弟共妻与朋友共妻等类型。

父子共妻的婚姻比较稀少，多发生在"差巴"阶层。"差巴"的经济地位比"堆穷"优越，占有数量不等的家庭财产，因而最怕父子分家引起家庭财产的分割和社会地位的下降。"差巴"家庭在分家后，就要按照新建的家庭单位来交纳繁重的赋税，如果完成不了纳租交赋的负担，原有的份地就会被领主抽回，"差巴"家庭就会沦入"堆穷"阶层之中。因此，有些"差巴"家庭在缺乏劳力时，为了父子相保和防止家庭的分裂，而采取父子共妻的婚姻形式。

父子共妻存在两种情况：一是父在母亡，儿子已到婚龄，父亲便让儿子出面娶妻，然后成为父子共妻。父子各居一室，妻子轮流与父子同住。家中以父为户主，所生子女称父为"波拉"（爷爷），称子为"巴拉"（爸爸）。二是男子丧偶，续娶一个年轻的妻子，待前妻所生的儿子长大成人，便与父共妻。

朋友共妻是受商业活动的影响。在丈夫外出，或家中生活发生困难时，便与外来的友人合为一家，形成共妻关系。

兄弟共妻是一妻多夫中较为普遍的现象。即一个家庭中的几个兄弟同娶一个妻子。这是"格巴"和"差巴"家庭中的主要婚姻形式。如一个家庭有兄弟数人，父母便按照门当户对的联姻原则为长兄娶妻，他的兄弟也与嫂子同居。家中事务主要由长兄与妻安排，实际上这种家庭的妻子是很不幸的。妻子独居一室，其他各夫轮流和她同居。谁与妻子同宿，妻子便将裙子悬于房门外，他夫看见，即知回避，或是妻子在手指上带戒指为代号。如戒指饰于拇指，表示与长兄同宿，他夫悉行回避。若将戒指饰于二指，或三指，则为老二或老三伴宿之日，长兄也知回避。生下第一个孩子，为长兄所有，第二个孩子为二弟所有，余类推。

这种兄弟共妻的家庭，在贫穷的"堆穷"阶层中也存在。家中兄弟多，可以分别承担种田、支差、放牧和运输等劳动，更有利于应付繁重的赋税，以及天灾人祸的袭击。如果兄弟

二、中国奴隶制的婚俗文化

分家,势必全家破产。因此,社会上对于那些善于协调家庭各方面关系的能干妻子,投以钦羡的目光。藏族男子多半出外放牧,夫妻不能长期共宿。非原配丈夫的其他兄弟,可以在外寻找情人,姑娘们对此不加拒绝,社会舆论也不非难她们。

据《清稗类钞·婚姻类》记载,"里塘(今四川理塘)附近之妇人,夫之多寡,以银簪别之。每一夫,则插一枚,所生之子,兄弟等分养之。其妇合二四兄弟同居,以一家亲睦为善治家,人称其贤"。

可见,兄弟共妻的一妻多夫制得以在藏族地区长期存在,除了经济上的原因以外,还有价值观、道德观方面的重要原因。正如前面所述,如果一个妻子能够服侍好几个丈夫,"一家亲睦",那她就是一个受到称赞的贤惠妻子。这种以一妻多夫为荣的思想使兄弟共妻获得一个"神圣"的光圈。

此外,甘肃某些地区的"租妻"和浙江、安徽某些地区的"典妻"风俗,也属于一妻多夫的变相形式。

租妻是将自己的妻子租赁给其他男子为妻,从对方手中索取一定的酬金,并订立租赁期限,或二三年,或以生子为限。期满,原夫便将妻子领回。

"典妻"是将妻子当作实物那样抵押给他人为妻,向对方借回钱财以供急用。典妻以五年、十年为期限，期满后，原夫要用钱将妻子赎回。

"租妻"和"典妻"在元代已比较突出。元代法律规定："若已典雇，愿以婚嫁之礼为妻妾者，听；诸受钱典雇妻妾者，禁；其夫妻典雇而不相离者，听。"这条法律对"典雇妻妾"采取模棱两可的态度，说明它已成为一个复杂的社会问题了。

关汉卿的《刘夫人庆赏五侯宴》杂剧，描写了一个年轻孀妇李氏怀抱孤儿，葬夫典身，遭到典主赵太公非法迫害的故事。赵太公要把孤儿处死，李氏在绝望之际，幸遇李嗣源将孤儿收养。十八年之后，他们母子才得团聚。不是封建法律保障了李氏的生命，倒是她的儿子惩罚了恶人，解救母亲于苦难深渊。反映出作者对这种野蛮、反动的婚俗所持的批判立场。

三、中国封建制的聘娶婚及其仪式

春秋、战国以后,中国地主阶级实现了封建大统一。虽然,地主阶级封建制的生产方式要比奴隶制(或封建领主制)进步,但它同样实行等级制度,以新的剥削方式代替旧的剥削方式。这种情况在婚俗文化的各个方面都有明显的表现。

小农的自然经济是封建社会的政治、经济基础。因此,"男耕女织"的婚姻和家庭便受到封建制度强烈的制约,它一方面在经济上具有脆弱性,另一方面在伦理上又具有一夫一妻制的天然合理性。在历史发展中,一夫一妻制代表了人类婚姻进步的方向,成为衡量各种婚姻道德的伦理尺度。

(一)秦、汉时期一夫一妻制的家庭结构

秦、汉时期,封建制的一夫一妻家庭处于繁荣发展的阶段,总的发展趋势是用"夫妇有别""长幼有序"等伦常观

念以清除"蒸""报"婚的习俗来巩固一夫一妻制家庭。"夫妇之道，不可以不久也，故受之以恒"（《周易·说卦》），要求夫妻关系稳定家庭富裕，"夫妇和，家之肥也"（《礼记·礼运》），从而达到社会秩序安定的目的。在这一点上表现出它的进步性。然而，封建礼法是站在父权家长制的立场来对待婚姻伦理关系的，主张"男不亲求，女不亲许"，用"父母之命，媒妁之言"排斥青年男女"相悦成婚"的传统范式，对女子的思想言行进行禁锢，又暴露出封建礼法的反动性。

在战国时期，不少思想家、政治家相继提出"一夫挟百亩""百亩之田，五亩之宅"，或"农分田而耕""百亩一守"的主张，这都是对小农经济作出的理论概括。虽然，各国自然环境和经济发展水平不同，形成制度、思想和风俗方面也各有差异，但其主流是发展小农经济的。

从当时的婚俗文化态势来看，已表现出地域性的差别。鲁国在发展农业的基础上，最先传播封建文化。封建礼教对于男女交际的限制也很严格。《礼记·曲礼》说："女子许嫁，缨；非有大故（疾病、灾害等），不入其门。姑、姊、妹、女子子（外甥女）已嫁而返，兄弟弗与同席而坐，弗与同器而食。"

上述规定，一个家庭的夫妻及其男女成员从住所到用物

三、中国封建制的聘娶婚及其仪式

都应分开使用，不许互相接触；对许嫁的女子要避嫌，自己的姑母、姊妹和女儿、外甥女回来，本家的男子不能和她们同坐、同吃饭。此外，还规定"叔嫂不通问"，禁止"诸母"给子侄洗下衣。这些缜密的规定，对于抵制"蒸""报"婚虽有其防微杜渐的作用，但它却把善良的女子塑造成心若枯井的贞妇烈女，扼杀了正常的人性。

由于鲁国提倡"男女不杂坐"，所以鲁国举行社祭时，就冷冷清清。《谷梁传》说：鲁庄公有一次要跑到齐国"观社"，他的目的是想借这个机会到齐国去看女人，因而受到曹刿的谏劝，说他的动机不合鲁国的礼法，"非先王之训也"（《国语·鲁语上》），鲁庄公却听不进去。

齐国的社祭为什么那么吸引鲁庄公呢？据说齐君社祭时，组织了大量的群众性的活动，让国都中的男女一起出来欣赏玩乐，俨然一个狂欢节，与鲁国的社会风气大不相同。

齐国位于泰山之北，土壤盐碱重（"地泻卤"），临近大海。从太公望（吕尚）封齐，就开始利用这种自然条件，鼓励渔、盐业的开发，同时把手工业作为立国的经济基础。"太公劝其女工，极技巧"，组织女子从事织作和加工"冠、带、衣、履"等商品，以供应四海。因此，齐国女子的劳动力抵得过男子，她们的收入不亚于男子。《管子·揆度》说：上农能养活五人，上女也能养活五人。由于齐国女子介入社会生活，所以在她们身上没有鲁国女子那么多的清规戒律。

齐国女子的社交比较自由，她们不仅敢于同不相识的男子交际，甚至也敢与自己的君主侃侃而谈。《左传·襄公二十三年》记齐将杞梁随齐庄公伐莒国，死在战场。他的妻子得知丈夫战死的消息，就到郊外去迎丧，遇上齐庄公，庄公立即要向她举行吊唁。她认为违礼：如果我的丈夫有罪，就不必吊唁；如果他没有罪，可以到寒舍去，何必在郊外吊唁。庄公看她态度坚决，只好到她家里举行丧礼。杞梁的妻子是个"命妇"（俗称"官太太"），她在兵荒马乱中敢于到郊外迎丧，甚至当面顶撞国君。她这种泼辣之举只有在齐国的经济文化环境中才能形成。

《墨子·明鬼下》说："燕之有祖（祖庙），当（如）齐之社稷，宋之有桑林，楚之有云梦也，此男女之所属（聚合）而观也。"鲁庄公之所以兴致勃勃地到齐国观社，从反面说明鲁国社会对鲁国女子是封闭的。

秦国僻处边陲，社会发展缓慢。秦孝公三年（前三五九），卫鞅说服秦孝公变法，比鲁宣公"初税亩"迟了二百三十四年。秦国在这次变法之前，还处于"父子无别，同室而息"的原始群婚状态。统治者的政治触角只能伸展到

三、中国封建制的聘娶婚及其仪式

各个父权制家族身上,而不能对家族内部的成员实行直接统治。卫鞅汲取了鲁国的"男女有别"的思想,拒绝齐国发展私营工商业的政策,禁止末业活动,妇女劳动只限于家务和蚕桑,达到自给自足。

卫鞅在"坏井田,开阡陌"的基础上实行农战政策,一方面满足了百姓对土地的要求,提高了他们的生产积极性;另一方面尚军功而禁私斗,刺激了他们为国家从征的热情。《战国策·秦第三》记蔡泽的话说:"是以兵动而地广,兵休而国富,故秦无敌于天下,立威诸侯。"

在家庭结构上,卫鞅采取经济制裁的手段与农业改革相辅而行,"民有二男以上不分异者倍其赋","令民父子、兄弟内息者为禁",将原来的家族制分解成一夫一妻制的小家庭。凡是努力耕、织,在生产中贡献多的,都免除他们上缴的赋税,"大小谬力本业,耕、织致粟、帛多者复其身"(《史记·商君列传》)。同时,在小家庭之间建立什伍制和告奸制,"令民为什伍,而相牧司连坐,不告奸者腰斩。"这种严酷的法令使家庭与家庭、家庭与个人之间的伦理关系和感情变得很紧张,皆以自身利益作为价值判断的标准。人际关系变得冷酷无情。《吕氏春秋》说:"秦之野人,以小利之故,弟兄相狱,亲戚相忍。"《汉书·贾谊传》也说:"借父耰鉏,虑有德色,母取其箕帚,立而谇语。"由于父母与成年子女各自分立门户,各自对政府承担赋役,从而瓦解了家族共财的经济基础,所以建立在这个基础上的温情脉脉的伦理面纱也被撕裂。这是秦人"薄恩礼,好生分"的社会原因。

在秦国变法后的小家庭是封建统治者实行垂直散点统治的社会基础。因此,秦律赋予这些家长以特殊权力而不受侵犯。《睡虎地秦简·法律答问》的"非公室告"规定:"主擅杀、刑、髡其子、臣妾",受害者不能上告,"子告父母,臣妾告主,非公室告,勿听……勿听而行告者,当有罪。"秦二世假始皇遗诏赐长子扶苏以剑自裁,扶苏认为"父而赐子死",即自杀。可见,秦国的小家庭是微型的专制实体。

《韩非子·忠孝篇》说的"臣事君、子事父、妻事夫,三者顺则天下治"的片面服从思想,就是根植于这种家庭基础上的伦理规范。秦始皇三十七年(前二一〇)的"会稽刻石",除了禁止"男女无别"的婚俗外,特别要求寡妇对亡夫负有守节的义务。"有子而嫁,倍(背)死不贞""妻为逃嫁,子不得母"。在家庭中,做妻子的是没有独立地位的。

汉承秦制。西汉王朝一方面屡迁大族至关中,使其"不得族居";另一方面除秦酷法,实行"与民休息"的政策,促进小农经济的繁荣。这些小农家庭有两种类型:一是以夫

三、中国封建制的聘娶婚及其仪式

妻为主体（包括未婚子女）的个体家庭，一是由父母与一个已婚之子组成的直系家庭。政府向男户主赐爵，向女户主赐牛酒，以鼓励他们的生产积极性。

在汉武帝以前，封建伦理纲常处于重构时期，它还没有普遍地深入民间。在家庭中，父子、兄弟、夫妻之间的关系因废除了秦朝的"告奸"制而变得宽松得多，而且夫妻都参加劳动。因而夫妻关系比较平等，双方离合也较自由，夫死改嫁、离婚自嫁也较普遍。如陈平的妻子就是一个"五嫁夫辄死"的小寡妇（《史记·陈平列传》）。

从西汉末到东汉时期，政府推广牛犁耕技术，需要"二牛三人"才能"耦耕"，甚至要多至六人配合劳动。与此同时，土地兼并之风也愈演愈烈，迫使一些小农破产而成为流民，或成为依附于豪族大姓的佃客和部曲。小农家庭为了增强生产能力和抵抗豪族大姓的兼并，不得不求助于父子相保、兄弟相依的聚合力而扩大家庭的组合。在这种同居共业的大家庭中，子辈对父亲的依附性因而增强。

在小农家庭扩大组合的过程，豪族大姓为了确保土地和便于经营管理，多实行累世同居，宗法血缘意识日愈浓厚。家庭结构的改变，反映在"孝道"中父子关系由相依相待变成片面服从。在兄弟关系上由于长子地位的上升，父亲死后，他便成了父亲的人格象征,表现出兄弟关系的不平等,妇女被束缚在大家庭中,成了家庭的奴婢和丈夫的附属品。这个时期,史书中记载的节妇、烈妇,明显增多,表明妇女社会地位的下降。

从文化史的角度看,中国封建社会的伦理道德有两个传统:一是"君礼""臣忠","父慈、子孝","夫义、妻顺"的相依相待的传统,体现出"中和"哲学的民主思想;一是"臣事君""子事父""妻事夫"的片面服从思想,体现出封建专制的坏传统。中国封建社会的发展带有周期性,历代封建王朝的更替,引起小农家庭发生类似秦汉之际的嬗变,而广大妇女在这种社会嬗变中,非但没有挣脱"三从""四德"的镣铐,反而被抛入更悲惨的境地。

(二)"牛郎""织女"神话的婚俗特征

"牛郎""织女"神话在中国流传极广,影响深远。至今人们常把夫妻两地分居称为"牛郎织女",称帮助情人相会为"搭鹊桥",就出自这个神话传说。

"牛郎""织女"神话到汉魏时期才基本形成。在此以前,它最早是天上"牵牛""织女"两个星名。《诗经·小雅·大东》用织女整日忙碌却劳而无功("跂彼织女,终日七襄。虽则七襄,不成报章"），和牵牛星虽光亮，却拉不动车厢（"睆彼牵牛，不以服箱"），比喻西周王朝虽有宗主之名，却使东方人民深受其害。

其实，"牵牛""织女"两个星名，是人间纺织女工和放牧人在幻想世界的倒影。这正如马克思说的"过去的现实又反映在荒诞的神话形式中"（《摘要》）。

中国养蚕产生于新石器时期。仰韶文化经 C^{-14} 测定，较可靠的数据为前四五一五年至二四六〇年（校正，前五一五〇年至二九六〇）其下限距今将近五千年。田野考古在山西夏县附近仰韶文化遗址中曾发掘出半枚经过人工割裂的茧壳，长江下游河姆渡文化遗址也有丝织物出土。中国五千年文明史通常从黄帝算起。传说黄帝正妃西陵氏嫘祖是最早推广育蚕技术的人物。《蚕经》说："西陵氏始劝蚕"。黄帝名轩辕，轩是车子的通称，辕是引车的直木。故《古史考》说："黄帝作车，引重致远。"《淮南子·说山训》说："（黄帝）见飞蓬转而知为车。"

周人属于黄帝姬姓族系。周代的纺织业和车辆制造业有更大的发展。在东方人的眼里，周人是黄帝族的后裔，也是"牵牛""织女"神系上的后裔，所以在诗中用它来讽喻西周统治者，是事出有因的。"周南"地区是周公的封邑。诗中"维天有汉,鉴亦有光"的"汉",指天河,实际上来源于长江最大的支流汉水。人们遥望天上有一条像河一样闪光的星系,于是把汉水搬到天上,称"天汉""星汉""银河""河汉"等名称。

既然人间的汉水可以在想象中移植到天上,那么,类似《诗经·周南·汉广》所描写的牧人与汉水上游女之间的男女之恋又何尝不可以附会到"牵牛""织女"二星之上。这就是早期"牛郎""织女"神话的雏形。

秦汉时期,"织女"变成少昊的母亲皇娥,传说她"处璇宫而夜织"。在一次泛舟游观时,与白帝之子相遇,他俩在大桑树下并肩而坐,谈情说爱,生下儿子叫少昊。后来,少昊在东方成为鸟图腾部族的首领。由此构成了如东汉应劭说的"织女七夕当渡河,使鹊为桥……以渡织女也"的重要情节。

我们从今天的天文学得知,牵牛星有三颗,即河鼓一、河鼓二、河鼓三。通常说的牵牛星指河鼓二。人们把河鼓一和河鼓三联成一线,看成是牛郎的扁担和他挑的两个孩子。牵牛星属天鹰座,在它的东南方有六颗牛宿星,人们把它看成是牛郎牵的牛。织女星也有三颗,将它们用线联结,构成一个三角形,人们把它看成是织女用的梭子。织女星属天琴

三、中国封建制的聘娶婚及其仪式

座,在它的东南有渐台四星,用线可联成一个四边形,人们把它看成是织女用的织布机。

"牵牛""织女"两个星座分别居于天河的南北两侧。这种隔河相向的形势给牛郎、织女神话故事播下悲剧性的种子。然而,它的悲剧性还有更深刻的社会原因。这就是秦汉以后,"男耕女织"的封建农业经济得到进一步的巩固与发展,为这个神话故事的丰富和完善提供了现实土壤。同时,在文化思想领域古老的神话与道教的仙话发生交错,吸收了"毛衣女"(或"天鹅女")和兄嫂虐待小叔的故事而最后定型。

西王母在《山海经》中是个虎齿、豹尾、蓬发戴胜的妇人,这是原始神话人物富有动物遗形的特征。在《穆天子传》中她变成一个能歌善舞、应答如流的女首领。这是她由兽形向人形转化的开始。汉武帝时,方士们又将她妆扮成容貌绝世、精通房中术的神女,而在民间的牛郎、织女神话中,这个把汉武帝弄得神魂颠倒的美女却变成冷酷无情、破坏他人婚姻的封建统治者的化身。在她的身上体现出不同时代、不同阶级的社会心理状态。

牛郎、织女神话故事后来有两种不同的传说。第一种说法是,织女是天帝的女儿,她在天河的东边织云霞锦衣,牛郎在天河西边放牛,两人都很勤劳。天帝怜悯他们孤独寂寞,让他们结为夫妻。婚后,他们贪图安逸,废弃劳动,或者说,牛郎娶织女时向天帝借二万钱下礼,久不偿还,天帝发怒,将他们拆散。后又命乌鹊搭桥,让他们一年聚会一次(《佩文韵府·尤韵·牵牛》引宗懔《荆楚岁时记》)。

第二种说法是,织女是西王母(也称"王母娘娘")的外孙女,她在天上织五彩云霞,牛郎是人间的一个放牛郎,受兄嫂的虐待。他的满腹冤屈只有对牛诉说。一天,牛对他说,织女和其他仙女一同到银河去洗澡,你不妨乘机去取她的仙衣,等她寻找时再还给她,并向她提出与她结婚的要求,她一定不会拒绝的。牛郎照它的话去做,果然应验。牛郎和织女结婚后,生了一儿一女,过着幸福的生活。几年之后,西王母知道了这件事,便把织女摄回天廷。正当牛郎无计可施时,牛又劝慰他,让他把自己的皮披到身上就能追到天上去。当牛郎挑着一对儿女追上天廷之际,西王母拔下发簪在织女身后划了一道,便成了天河,将这对夫妻和孩子隔开了。他们隔河相对啼泣,王母发了善心,于是允许他们每年七月七日夜在鹊桥上相会一次。

以上两种说法有一个共同点,就是牛郎与织女的结合与离异都是由天帝或西王母决定的。所不同的则是,前者是天上的神与神之间的婚配,后者是人与神之间的离合,而且出

三、中国封建制的聘娶婚及其仪式

现了一头神奇的牛给牛郎做得力帮手。

这种不同说法集中地反映了封建时代的农民在"男耕女织"的家庭结构中所形成的社会心理和生活愿望，以及这种心理、愿望在受到压制时所表现出来的苦闷与追求。牛郎、织女是劳动者，但他们自身却依附于封建地主阶级的政权之上，得不到人身的自由。他们的婚姻之所以受到天帝或西王母的干预，正是现实生活中这种人身依附和阶级压迫的反映。

秦汉以后，铁器用于农业生产，牛耕技术因得到新的装备有力地推动农业经济的发展，耕牛在农业生产中发挥出巨大的作用。因此，在人与神的交往中，耕牛便成为人的神奇助手。

牛郎、织女的神话是人们以奇妙的幻想形式表达自己一夫一妻制的婚姻理想。夫妻结合以耕织劳动为基础，互敬互爱，生育一儿一女。这就是他们婚姻观的模式。因为子女过多（"广继嗣"），超过家庭经济的承受能力，人们就会陷入苦难境地。而且，这种家庭、婚姻会遭到地主阶级的摧残，以及由此引起的反抗斗争。所以，在神话故事中增加了牛郎向天帝借债和耕牛献皮的内容。它一方面表达了广大群众对于无辜受害者的同情，另一方面也是对封建统治者发出的强烈抗议。这种爱憎分明的思想感情是中国传统文化的美德。

这个神话以七月七日这一天作为牛郎、织女相会的佳期,与汉魏时期的民俗有密切关系。当时,民间有"饮糜(黄米粥)"的风俗,表示庆贺秋收。后来人们认为这一天晒衣不生虫,可治面靥,进而变成"乞巧"活动。这天夜里,妇女们在庭院中摆上鲜花、瓜果,用彩线穿针,祈求织女赐给自己一双巧手,能做出精美的活计。

　　"七月七日长生殿,夜半无人私语时,在天愿作比翼鸟,在地愿为连理枝。"这是白居易在《长恨歌》中描写唐明皇和杨贵妃在"牵牛、织女相见之夕"曲叙私情的著名诗句。诗中说的"长生殿"在骊山甘泉,殿前有一座"集灵台"。"灵"指乌鹊,也叫灵鹊,《禽经》有"灵鹊兆喜"的说法。取名"集灵台",表示群鹊相聚,搭桥以渡牛、女之意。

　　宋代以后,南北地区风俗不同,人们对乌鹊和乌鸦产生不同的爱恶。李时珍在《本草纲目》中说,"北人喜鸦恶鹊,南人喜鹊恶鸦",因此便产生使鹊为桥,或使鸦为桥的两种不同说法。

(三)淳于缇萦与阳姬

　　中国封建社会是以家庭为本位的社会。孟子说,"国以家为本"(《孟子·离娄上》)。认为家庭非常重要,"家

三、中国封建制的聘娶婚及其仪式

齐而后国治"(《礼记·大学》),强调家庭中的各个成员都各负职责,各尽义务。这是正确的,必要的。只有如此,家庭成员才能形成亲合力,才能对社会做出有益的贡献。淳于缇萦和阳姬就是这种家庭成员的突出代表。

两汉时期,处于经师对儒家经典的解释由众说纷纭趋向南北融合的过程,也是封建礼教由疏阔到严密,自上而下的普及过程。因此,礼教中的"三从"(幼从父兄,嫁从夫,夫死从子)、"四德"(德、言、容、功)还未在社会生活中扎根,这就给一些有胆识的女子提供了在政治上表现才能做出一番超常大事的机会。

淳于缇萦是西汉临淄(今山东淄博市)人。她的父亲任齐国太仓令,是个医术高明的医生。据《汉书·刑法志》记载,有人告发他触犯刑律,诏狱逮送京都长安治罪。淳于公膝下无儿,只有五个女儿,临行前她们围着父亲哭泣,淳于公很气恼,骂道:"可惜我没有儿子,遇到紧急事情,这些女儿没有一个能顶用。"他的小女儿缇萦听了父亲这句话十分悲伤,便跟随父亲来到长安。当时的刑罚,除了死刑尚有在脸上刺字、割鼻子、断足三种残酷的肉刑。当缇萦听到父亲在初审后被判为肉刑的消息,百感交集,想到父亲将成为残疾,终身留下耻辱的标记,以及和她父亲同命运者的不幸,便勇敢地向汉文帝直接上书陈情。她说："妾父为吏,齐中皆称其廉平,今坐法当刑。"申辩她父亲为人廉洁公正,受到齐地百姓的称颂,这次只是初犯刑律。她理直词切地指出："妾闻伤死者不可复生,刑者不可复属(齐全),虽后欲改过自新,其道无由也。"希望文帝废除肉刑,给受刑者以改过从新的机会。并表示自愿"没入为官婢,赎父刑罪,使得自新"。她这封上书,使汉文帝受到很大的震动。

汉文帝被史家称为"劝趣农桑,务在宽厚"的皇帝。他看了缇萦的上书,认识到酷刑害民的严重性,便下诏反省自责:听说远古有虞氏(舜)时代,采用在犯人衣冠上画出特殊的标记和让他们穿上与众不同的衣服的办法加以惩戒,百姓不犯法,天下治理得很好。然而,"今法有肉刑三,而奸不止,其咎安在？"这使他深感自愧。于是,他便接受了缇萦的意见,下令从此废除肉刑,并责成丞相张苍、御史大夫冯敬等修改刑律,制定出新的刑律条文,颁行天下。

缇萦以一个罪犯家属的身份敢于上书皇帝,痛陈酷刑残民的危害,甘愿替父赎身,引起文帝的重视和同情,并进而反省自责,立即做出废除肉刑的决断。不仅使她的父亲免于肉刑,也使其他犯人得以保全肢体。因而,在历史上被传为佳话。班固在一首诗中称赞她说："百男何愦愦(糊涂),

三、中国封建制的聘娶婚及其仪式

不如一缇萦。"

阳姬是东汉时西蜀武阳（今四川彭山县）的女子。其真实姓名已不可考。

晋人常璩的《华阳国志》在《先贤士女赞》中，对阳姬的政治器识作了热情的称赞："阳姬请父，厥族蒙援。克谐内爱，训及秀彦。"这四句赞辞说她在娘家时效法缇萦为父亲申冤，使整个家族得救。出嫁后，又竭力使婆家和睦相处，并培养出优秀子弟，为社会输送了有用的人才。

阳姬的上述事迹，被史家蒙上一层封建礼教"三从"的面纱。实际上，她是以自己的独特行动将自己的才能和智谋贡献给当时的社会，在政治上发挥了有益的作用。这恰恰是对封建礼教不许妇人干政的反抗。

阳姬在少女时代，其父因细故被当地官府逮押入狱。族人畏惧官府的权势，无人敢出头为她的父亲呼冤。阳姬只好把救父的重担放在自己的肩上。她知道父亲为官府所害，不能直接向官府上书，这样，反而会使父亲的处境更加恶化。在东汉名臣杨涣由孝廉拜为尚书回乡祭祖路过武阳县时，她手持讼状，遮道扣马呼冤，哭诉其父无罪入狱，言辞恳切，悲痛欲绝。杨涣大惊，并对她遮道鸣冤的胆识产生敬爱之情。他立即责成当地官吏重审案情，平反昭雪，释放其父。由于杨喜爱阳姬的才识，不顾门第悬殊，经媒人说合，将她礼聘给儿子杨文方为妻。从而改变了阳姬全家受官府欺压的命运。

阳姬和杨文方成婚后，两人感情十分融洽。后来，杨文方官居汉中（今陕西南郑）太守，阳姬对丈夫的政事多有襄助。汉中是个大郡，治郡要务便是任用当地贤才。当时汉中有一位寒士赵宣，人品纯良，学问雅博，是个难得的人才。杨文方决意要举荐赵宣为孝廉。谁知尚未申报朝廷，杨文方突然病逝。按常规，这件事必待新郡守到任才能继续办理。阳姬考虑到若待新郡守到来，费事必多，而且新郡守对赵宣这样的寒门贤士是否重视，也难预料。

阳姬思之再三，便当机立断。她先秘不发丧，用杨文方的印函向朝廷发出申报，并遣赵宣持太守的举荐书到长安，待赵宣得到朝廷任命后再举哀治丧。阳姬在国事与家事的关系上，先国事后家事，先荐贤而后为夫治丧。这种胆识和气魄是一般须眉俗吏难以企望的。赵宣后来官至犍为（今四川彭山县东）太守，政绩卓著。故史家评述说："宣得进用，姬之力也。"

阳姬在丈夫去世后，辛勤教养二子。后来，长子杨颖、次子杨颀（kuī）巫都跻身于仕宦之列。此外，杨文方兄长有一子名淮，字伯邳。自幼寄养在叔母阳姬膝下。阳姬抚养他如同亲子，悉心教诲，杨伯邳不负叔母苦心，果然成才。他由孝廉入仕，因政绩斐然，曾三为尚书。东汉名士李固对他十分推重。史称："伯邳正直，耀祖扬声。"其中，也包括对阳姬的表彰。伯邳每在官任，必迎叔母阳姬同住官舍，一是报答阳姬抚育之恩，二是便于朝夕禀承教诲。如杨伯邳初任太守时，郡中推举茂才，按条件有二人都该入选，但名额却只有一个。两个候选者一人年近七十，另一人年尚弱冠。伯邳委决不下，最后求教于叔母。阳姬劝他取年幼者，不必顾虑眼前的稚嫩。这位少年茂才名叫王方，后任广汉太守，颇有政声。由此可见阳姬的远见卓识。

阳姬从一个为父申冤的少女成为一位在政治上比较成熟的命妇，在于她善于审时度势，向自己的命运挑战，由她培养出一群活跃在朝中和地方任职的优秀人才，对当时的政局起了积极的稳定作用。史家赞扬她说："故吏敬之，四时承问不绝。"

（四）古代的后、妃制

后、妃制是封建帝王家庭、婚姻在文化上的特殊表现。西汉人编辑"三礼"（《礼记》、《周礼》、《仪礼》），把后、妃制上溯到周朝。依照他们的说法，内廷的后、妃制是与外廷的官僚制配套的。"古者天子后立六宫，三夫人、九嫔、二十七世妇、八十一御妻，以听天下之内治，以明章妇顺"；"天子立六官，三公、九卿、二十七大夫、八十一元士，以听天下之外治，以明章天下之男教。"这样，天子"修男教"，后、妃"修妇顺"，一内一外，天下就治理了。

《周礼》对后、妃在宫内的职务说得井井有条，人数成三、九、二十七、八十一等数字加番。这当然是儒生设想的模式，但它却成为后世帝王仿效的样本。

秦始皇在并吞六国的过程中，将六国后宫女子掳掠入秦，构成秦朝内廷的后、妃制。"正妻称皇后，妾皆称夫人。又有美人、良人、八子、七子、长使、少使"等名号（《汉书·外戚传上》）。

汉代继承了秦后宫的妻妾名号，又屡有增设。汉元帝时，"世增淫费，至乃掖庭三千，增级十四"（《后汉书·皇后纪上》。后宫除皇后外，所有嫔妃各有爵、禄，比照外廷官员设置。如下图所示：

嫔妃名号	昭仪	倢伃	娙娥	容华	美人	八子	充依	七子	良人	长使	少使	五官	顺常	无涓 共和 娱灵 保林 良使 夜者
比外官位	丞相	上卿	中二千石	真二千石	二千石	千石	千石	八百石	八百石	六百石	四百石	三百石	二百石	百石
比外官爵	诸侯王	列侯	关内侯	大上造	少上造	中更	左更	右庶长	左庶长	五大夫	公乘			

从王莽以后，历代封建皇帝除了依《周礼》中的数字来设置后宫的妃嫔人数外，西汉一些经师还对皇帝"娶九女"，或"娶十二女"展开过争论。如杜钦、谷永主张"建九女之制"，认为皇帝好色纵欲，会促寿短命，"则寿命不究（竟）于高年"（《汉书·杜钦传》）。另一些人则认为皇帝的地位高于诸侯，"咸以十二为限"（《三国志·魏书·王朗传》）。这两种意见都未被采纳，所以，后宫的嫔妃人数便成了一个谜。

史书记载，后宫嫔妃、宫女人员编制最小的皇帝是南朝的陈武帝陈霸先和明太祖朱元璋。史家称陈霸先"以朴素自居，后宫备位，其数多阙"（《南史·陈本纪》）。称朱元璋"鉴前代女祸，立纲陈纪首严内教"，而"闺房雍肃"（《明史·后妃传》）。

后妃与皇帝的结合是政治的结合。它的存在受到政治的强烈制约，同时又对政治产生巨大的影响。后、妃对国家政治生活所起的作用有好有坏，不能用"女祸"一词给她们定性。

后、妃作为最高统治集团中一个特殊阶层，情况极为复杂。虽然她们是封建宗法制度的产物，但因她们来自不同的生活环境，受到不同的教养，所以铸就了她们不同的文化素质和品格。

粗略分析，后、妃可分为三种类型：

一是以皇帝贤内助的姿态出现。她们在历史上不乏其人。如周宣王的姜后、唐太宗的长孙皇后、辽太祖的述律平皇后、朱元璋的马皇后，以及清康熙的祖母孝庄皇后等，在参与军务、稳定政局、关心民瘼等方面都发挥了重要作用。

二是以皇帝代理者的身份，临朝听政。这种情况多发生在皇帝年幼登基或性情柔懦或身体有病的时期，她们利用皇帝的权威，获得临朝听政的机会。为了巩固自己的地位，她

三、中国封建制的聘娶婚及其仪式

们借助外戚的势力，"定策帷帝（yì，帐），委事父兄"。反之，外戚的权力、地位，也需依靠后、妃的支持。她们处于皇权与戚权的角逐中，只能有两种选择：或是站在皇权的一边，限制外戚的权势；或是倒向外戚的一边，取代皇权。

前者如东汉和帝邓皇后邓绥素以贤德著称。元兴元年（一○五）和帝死，"长子平原王有疾，而诸皇子夭没"，邓后将出生百日的刘隆立为帝，邓后尊为皇太后，临朝执政。刘隆死，又立刘祜为帝。她执政达十五年之久，做了不少有利于国计民生的事情，完成了她那"诚在济度百姓，以安刘氏"（《后汉书·皇后纪上》）的重责。

后者如武则天，她以废中宗，立睿宗而躬自临朝，贬杀李氏宗室，追封武氏五世以下，激起柳州司马李敬业等人的武力反抗。后来她又改国号为周，"降皇帝为皇嗣，赐姓武氏"，自称大周圣神皇帝，堪称是个铁腕人物。但她却不能使皇统按武氏血统承续。神龙元年（七○五），宰相张柬之乘武则天有病，建策发动政变，迎中宗复位，复唐国号。声威显赫的武周政权以昙花一现而告终。

三是以祸国殃民的罪名出现。这些后、妃是旧史家笔下"女祸"的代表。如殷纣王的妲己、周幽王的褒姒、西晋惠帝的贾南风，以及清代的慈禧太后，都属于这一类。

后、妃们被当作延续皇嗣的工具和皇帝玩偶而进入宫廷。她们的悲欢离合便环绕着皇帝而旋转。因此，她们之间酿成一幕一幕的残杀悲剧。

最悲惨的是那些生下皇子而被处死的嫔妃。钩弋夫人赵倢伃常受到汉武帝的宠幸，生子称钩弋子。武帝很喜欢这个儿子，欲立他为皇太子。但武帝又"以其年稚母少"，恐日后女主专权会酿成祸乱，便借口害死钩弋夫人。

后、妃制是扼杀人性的牢狱。皇帝宠爱可以不计其数，而后、妃却被剥夺了爱的权利。如果皇帝的宠爱消失或转移，失宠者唯有哀怨而已。如果她们想献媚以邀宠，又被加上"惑主"的恶名。后、妃在皇帝眼里有时贵如至宝，有时则贱同奴婢。她们的人生遭遇，令司马迁为之扼腕太息。他在《史记·外戚世家序》中说："夫妇之际，人道之大伦也。礼之用，唯婚姻为兢兢。……甚哉，妃匹之爱，君不能得之于臣，父不能得之于子，况卑下乎？既合欢矣，或不能成子姓，能成子姓矣，或不能要其终，岂非命也夫？"

司马迁在这段话中赞扬夫妻的爱情是一种特殊的感情，它具有专一的美德，人们不能用其他的感情来代替它。然而，后、妃却得不到这种爱。她们之中，有的不曾生育而被废，有的生育了又被害。我们不能把它归之于命运在捉弄人，而是后、妃制的反动本性造成的。

（五）宫女的哀怨与反抗

宫女是封建帝王为了满足个人豪侈、淫乐，在妇女中造成的一个特殊的阶层。

宫女的来源主要有两个：一是籍没的女子。如秦始皇在统一中国过程中，将六国后宫的女子成批地迁入咸阳。唐代女诗人上官婉儿尚在襁褓之中，就因父亲和祖父获罪被诛，随母亲郑氏配入宫廷。她长大以后得到武则天的信任和受宠于中宗，封为昭容，却在盛年便冤死在一场宫廷政变中了。

二是采选。采选就是在一定时期，皇帝派官员到民间挑选年轻美女入宫。《后汉书·皇后纪上》载，汉代在每年八月收取人口税时，"遣中大夫与掖庭丞及相工，于洛阳乡中阅视良家童女，年十三以上，二十以下，姿色端丽、合相法者，载还后宫，择视可否，乃用登御。"在采选期间，禁止民间嫁娶，以保证皇帝优先采选。如班况的女儿在汉成帝登基时被选入后宫，因得到成帝的宠幸，由少使封为倢伃。马援的小女儿在十三岁时被选进后宫，明帝即位，将她由贵人册立为皇后。然而，在成千上万的宫女中，像班倢伃、马皇后和唐昭容这样的人毕竟是极少数。绝大多数的宫女不过是供帝王后妃随意驱使的贱婢，终年过着孤苦伶仃的悲惨生活。即使她们得到宠幸，往往也会遭到被帝王始乱终弃的下场。她们的命运如同夏天的白团扇，一到秋凉，就被抛弃。

在民间广大女子的心目中，"采选"无异于向自己张开的虎口。每当百姓听到皇帝要采选宫女的风声，莫不为之心惊肉跳。"名家盛族子女，多败衣瘁貌以避之"，或是"皆立求婚伐而嫁之，谓之惊婚"（《说郛》六十四卷）。晋武帝有一次择取官员，将吏之女入宫，"母子哭号于宫中，声闻于外，行路悲酸"（《晋书·五行志》）。

唐代诗人以局外人的眼光写了不少宫词，描写宫人幽禁生活的寂寞无聊，以及她们内心的哀怨，表示出一片怜悯之情。其后，后蜀君主孟昶的徐慧妃——花蕊夫人又仿照唐代诗人王建作宫词一百首。她以局中人的感受描绘了宫中四季行乐的画面和嫔妃冀得君王近幸的心理。这种争风吃醋的思想不可能是广大宫女的普遍追求，只不过是她自己和贵嫔们的一种心理反映：

太液波清水殿凉，画船惊起宿鸳鸯。

翠眉不及池边柳，取次飞花入建章。

水中的鸳鸯尚能双宿，池边的柳絮也能陆续飞进君王的寝宫，而被君王弃置的嫔妃连水禽、柳絮都不如。

三、中国封建制的聘娶婚及其仪式

她也有一首诗写得辛辣而沉痛,那便是《述亡国诗》:

君王城上竖降旗,妾在深宫那得知?

十四万人齐解甲,更无一个是男儿。

她在诗中切齿痛骂蜀主昏庸无能和蜀军不战而降,没有一个称得上是男子汉。抒发出她的亡国之恨。

历代的宫女人数众多。《墨子·辞过》篇就揭露说:"当今之君,其蓄私也,大国拘女累千,小国累百。"从汉代起,朝廷或因发生灾异,或因用度过大等原因而放宫人出宫,引起社会的反响。唐代多次放宫女回乡,于是好事者便敷衍出"红叶题诗""寒衣寄诗"等风流故事,表达出人们对出宫女子得配良缘的善良愿望。

明代除洪武、永乐年间有过放宫女回乡的举动外,统治者为怕泄露宫中的隐事,规定宫女一律不得出宫。将那些年老色衰和获罪废贬的宫娥发落到浣衣局居住,按例供给日用,任其自毙。

这些被深锁在宫中的女子,青春失时,不免闹些事故,据沈德符的《万历野获编》记载,宫女、太监偷偷摸摸地匹配。婚前也有媒妁从中作合。订婚之后,在月下举行盟誓。这种荒诞的做法既是宫女、太监畸形变态心理的表现,也是他们对暴虐的宫廷制度的悲惨控诉。

据说，明成祖有个宠妃病亡，他怀疑是宫女在茶中放毒所致，一次就杀掉宫女数百人。后来，宫女吕氏、鱼氏私下结好太监的事情被发觉，迫使她们畏罪自杀。朱棣盛怒未息，又严刑拷打左右侍婢，逼她们供认"欲行弑逆"，使二千八百人受到牵连，全部由他在刑场监斩。有的宫女在临刑之时，当面责问朱棣："自家衰阳，故私年少寺人，何咎之有？"有力地揭穿了统治者色厉内荏的虚弱本质。

明代统治者为了强化对宫廷的监禁，曾设置"墩锁""提铃""板著"等酷刑专门用来惩治宫女，迫使她们俯首就范。明世宗朱厚熜愚顽狠毒，喜怒无常。他听信道士陶仲文的蛊惑，按道士进献的秘方用红铅取童女初行月经炼药，为此他多次命京城内外选送年龄在八岁至十四岁的幼女入宫，充当他炼制长生不老药材的对象。有一首《明宫词》就揭露了这一恶行：

两角鸦青双筋红，灵犀一点未曾通。

自缘身作延年药，憔悴春风雨露中。

备受凌辱的宫女们等待时机，要处死这个暴君。

嘉靖二十一年（一五四二）十月二十一日，杨金英、苏川药等十几名宫女乘朱厚熜熟睡时，一齐动手，有的用黄花绳勒住他的喉咙，有的用黄绫抹布塞住他的嘴巴，有的用脚

三、中国封建制的聘娶婚及其仪式

踏在他身上用力绞紧绳索，还有的从头上拔下金钗往他的胯间乱刺。这些宫女平时手无缚鸡之力，到这时却表现出惊人的勇敢。由于她们在慌乱中把绳结勒成死扣，无法将他迅速绞死。她们发出的响声终于被人发觉，将朱厚熜抢救出去。这十几名参与宫变的宫女全部被凌迟处死，枭首示众，亲属也连坐斩首或发配到功臣家为奴。端妃曹氏和宁嫔王氏因与此案有牵连，也在宫中被凌迟处死。因这次事变，发生在壬寅年，史称"壬寅宫变"。

《明世宗实录》说，这次事变"诸婢为谋已久"。说明这是宫女们早有谋划的反抗行动。她们明知敌我力量相差天壤，为了报仇雪恨，把个人生死置之度外，毅然发动和组织了这场绞杀皇帝的壮举。她们的反抗虽然遭到统治者的血腥镇压，但她们这种大无畏的反抗精神，在中国妇女生活史上会放射出永不磨灭的光焰。

"壬寅宫变"使朱厚熜受到一次沉重的打击。他被救出后，已经不省人事。给他灌下泻药，经过紧急抢救，才吐出数升紫血，几天以后才恢复过来。他从此生活在疑惧之中，每天求神护佑，不再视朝。并迁到别宫居住，再不敢回到原来的宫殿就寝。

这次宫变，也使他的后代子孙备感惊恐。

《烈皇小识》说，崇祯皇帝朱由检防范宫妃一如寇仇。他的寝宫由纵深的三居室组成。凡是被他召幸的嫔妃进第一间房必须把全身衣服脱光，裸体进入第二间房，在这里换上事先放置好的衾绸（汗衫），然后才能到第三间房内和他见面，以免再遭乃祖的不测之祸。

《万历野获编》根据"壬寅宫变"受刑的名单，发现她们的名字，"俱莲、菊、兰、荷之属，与外间粗婢命名无异"。可见，这些宫女都来自劳动人民的家庭，她们身上具有潜在的反抗意识。

（六）聘礼与媒人

聘礼与媒人在封建聘娶婚中占有极其重要的地位。聘娶婚是以家长买卖、包办儿女婚姻为特点的婚姻制度，也称"包办婚"或"买卖婚"。在这种婚姻制度下，青年男女缔结婚姻不是出于他们主观的意愿，而是由"父母之命""媒妁之言"来决定；不是以青年男女的情爱为基础，而是以聘财多寡、门第高低为转移。

聘礼与媒人究竟是如何产生的，它在历史上起了什么作用，有必要略作考察。

在原始对偶婚时期，男女以互赠礼品作为传递感情的媒

三、中国封建制的聘娶婚及其仪式

介。一枝花、一只猎物、一包果品或少量自制的工艺品都可以作为相悦的信物。只要一方不再接受对方的礼品，或是一方不再给对方送礼品，就意味着双方关系的中止，离合皆出于本人的意愿。

一夫一妻制形成时期，婚姻虽以男女互爱为基础，但须征求父母的意见，父母不加专断。如前面说的鄂温克人的婚礼就是这样。双方家长给新婚夫妇赠送驯鹿作为他们共同生活的物质资料。《仪礼·昏（婚）礼》中规定用"雁"和"俪皮"（两张鹿皮）作为聘礼，与鄂温克人用驯鹿作聘礼是相似的。

在中国近代，有些少数民族举行婚礼都比较简朴。如贵州的侗族在每年农历三月的播种节，有"葱篮为媒"的习俗。姑娘们在各自菜园里拔上半篮葱或蒜苗，用水洗净后就可作为礼物赠送给自己的情人，两人约定还篮子的日子，到时候男子在篮子里盛好布料和丝线，将篮子归还姑娘。青葱和蒜象征爱情的清白。姑娘出嫁，穿着朴素，表示不忘创业的艰难。

清人陆次云在《峒溪纤志》里记载彝族姑娘出嫁，"荷伞悬履归于夫室"。有一首诗说："花面（纹面）丫头铁脚儿，白衫赤袴踏青时。艳歌一曲人何在？到处青山杨柳枝。"生动地描写出新娘在去夫家途中的妆扮，以及她的欢快心情。

进入阶级社会以后，聘礼改用布帛、金银、牛马和田产，男子娶妻所用的聘财变成许嫁女子的等价物。俗话说的"娶到的媳妇买到的马",表明男方的聘礼已变成广大女子的卖身钱。

婚姻要由媒人作中介,是在一夫一妻制形成中才出现的。这时的媒人大多是本村寨中有威信的长者,他们受男方家长的嘱托为青年男女的婚事奔走,认为是成人之美。在遇到麻烦时,也积极想办法居中调停,从而受到人们的尊敬。中国古代祭祀"神媒",便曲折地表达出人们对它寄予"联婚姻、通行媒"(《路史后记》释"神媒")的美好祝愿。

在阶级社会,媒人已不再是相爱男女的委托人,而成为体现家长意志的代理人。《诗经·豳风·伐柯》说:"伐柯伐柯,匪(非)斧不克。娶妻如何?匪媒不得。"可见媒人在缔结婚约中的特殊地位。

这时的媒人可分为官媒与私媒两种。《周礼·地官·媒氏》说的"掌万民之判"的"媒氏"和《管子·入国》篇说的"取鳏寡而合和之"的"掌媒"都是官媒。至于《战国策·燕策》说的"周地贱媒"的媒人,当属于以说媒为职业的私媒。苏代对燕昭王说:"周地贱媒,为其两誉也。之男家曰女美,之女家曰男富。"由于"周地"实行"男女非有行媒,不相知名"(《礼记·曲礼》)的风俗,这就给媒人提供了在两

三、中国封建制的聘娶婚及其仪式

家说谎骗取财物的机会。

乐府诗《为焦仲卿妻作》描写刘兰芝被婆家休回娘家后，县令和太守先后派丞吏充当媒人到刘家来求婚，由于他们受其上司的委托，不致从中渔利。

由于婚姻被视为"男女百年一大嘉会"（毛奇龄：《西河合集》），所以一些思想开明的家长为子女能找到如意的配偶而操心。《晋书·王浚传》说，徐邈有个女儿，择夫未嫁。一次，他将他的下属官吏召至堂上，让这个女儿在内室窥看，女儿在众人中看中了王浚，徐邈便成全了他们的婚事。《礼记·檀弓》有"夫妇之道，有义则合，无义则去"的说法，所谓"义"，有相宜、般配的意思。也指夫妻间的情义，并不在乎门当户对。白居易在一首感怀诗中说："唯生一女才十二，只欠三年未六旬。婚嫁累轻何怕老，饥寒心惯不忧贫。"女儿的婚事，成了白居易的心病。

据一些史料记载，媒人在宋代成为一种专职。朱彧的《萍州可谈》载，熙宁年间（一〇六八——一〇七七）"宗女既多，宗正立官媒数十人，掌议婚"。元代的媒人由乡社推选后注籍于官，政府给他们颁发《至元新格》让他们熟悉婚姻法的规定。官媒用"斧"和"秤"作为他们的职业标志。明代的媒人在生活上受政府的照顾。《宛署杂记·铺行门》载，宛平、大兴两县准免媒人缴纳行业税银，使他们能维持生计。其他州县的情况大概与此相似。

男女婚姻由媒人从中撮合，酿成许多弊病。"悔婚""更嫁娶"和"冒婚"就是突出的表现。私媒为了从中牟利，用花言巧语骗取两家的轻信，从而订立婚约。待新人入门，方知上当受骗。官媒订立的婚约被官方认可，因而具有法律的效力。婚事出了问题，官府将按违约来量刑。由于媒人的轻率介绍，以致造成许多恶果。从下列简表中可以看出量刑的情况：

三、中国封建制的聘娶婚及其仪式

刑罚 \ 名目 \ 朝代	悔婚 女方	悔婚 男方	更嫁娶 女方	更嫁娶 男方	冒婚 女方	冒婚 男方
唐	杖六十，婚仍如约。	不坐不追聘财。	更许一百，已成婚，徒一年半。	后娶者知情，减一等。前夫不娶，女归后夫，还聘财。	妄冒，徒一年，已成婚，离之，未成婚，依原约。	妄冒加一等，已成婚，离之，未成婚，依原约。
元	答二十七。	不坐不追聘财。	答四十七，已成婚，答五十七，女归前夫，退回聘财。	更嫁之妇，生有子女，前夫不追还聘财，另娶他女。		
明清	主婚人答五十，女归前夫。	主婚人答五十，仍娶前女。	更许，杖七十，成婚，杖八十。	后娶者知情，同罪，知者不罪，追还聘财。女归前夫，倍追财礼。前夫不愿娶，后夫，听其别嫁，听原聘另嫁。	妄冒，主婚人杖八十，追还聘财，未成婚依原约。如妄冒婚之人另有聘娶，冒充成婚者离异。	妄冒一等，罪加不追财礼，成婚，冒充成婚，离异。

105

媒人由最初的正面形象演变成被人唾弃的反面形象，是封建聘娶婚造成的。因此，在中国古代文学作品中骂媒人的题材就比较多，尤其在民歌中对媒人的讽刺更为辛辣和尖刻。

一条帕子两边花，背时媒人两面夸；
一说婆家有田地，二说娘家是大家；
又说男子多聪明，又说女子貌如花。
一张嘴巴叽哩咕，好像田中青蛤蟆。
无事就在讲空话，叫儿叫女烂牙巴。
日后死在阴司地，鬼卒拿他去捱叉。

（七）封建聘娶婚的仪式

在"聘礼与媒人"一文中，已讲到封建聘娶婚的一些情况。本篇则侧重论述它在仪式上的因革、损益，从中了解它的演变趋向。

封建聘娶婚的仪式一方面具有"时异俗迁，地殊习变"的变异性，另一方面也具有相对的稳定性。它既渗透了不少迷信、落后的内容，也保留着一些美好、健康的习俗。

从实质上看，封建聘娶婚的仪式是作为"父母之命""媒妁之言"的表现形式而存在的，并贯穿于婚姻的全过程。从而排斥了男女青年本人的爱情，变成了他们履行的客观义务。

三、中国封建制的聘娶婚及其仪式

《仪礼》是春秋、战国时期留传下来的一部分礼制汇集。它的《士昏（婚）礼》规定，有"纳采"（男家遣媒人到女家表示向某女求婚的意愿）、"问名"（女家同意后，便将该女之名及生辰托媒人告知男家）、"纳吉"（男方将该女的姓名、生辰在祖先牌位前占卜，得吉卜后通知女家。宋代称"换草贴"，俗称"换八字"）、"纳征"（女家接受男方的卜占，表示婚姻成立。春秋时称"纳币"，宋代称"纳成"、"定贴"，俗称"订婚"）、"请期"（男方派媒人到女家商定结婚日期）和"亲迎"（新郎在傧相陪伴下到女家迎娶新娘）等仪式，称"六礼"。"六礼"齐备，婚姻关系始告成立。新婚之夜，尚有"同牢"（新婚夫妻共用一个盛肉的牢盘进食）、"合卺"（将一个瓠断为两半以酌酒，夫妻各饮其一，合起来仍为一瓠，表示夫妻共体）。婚后还有"见舅姑""醴妇"及"庙见"等仪式，才算成了媳妇。然后，夫妻同回娘家拜见岳父母，称"归宁"。

《士昏礼》规定的婚仪是对汉代以前的婚姻仪式的综合。它由统治阶级全面地推行，大约在汉平帝元始三年（公元三）诏刘向等制定婚仪之后。次年立王皇后，以"纳采""问名""卜吉"及遣使持节迎（代表皇帝亲迎）而完成"六礼"的程序。东汉以后，社会动乱不已，地主阶级之家的嫁娶大多难以遵行"六礼",往往"以纱縠蒙女首,而夫氏发之,因拜舅姑,便成妇道"(杜佑《通典》卷五九),婚礼仪式已大为简化。

在魏晋南北朝以后民族大融合基础上建立的唐朝,婚姻仪式虽沿习古礼,却又吸收了少数民族的婚俗,使婚礼的仪式增多,节目繁复,场面也更热闹。

据刘复的《敦煌掇琐》的"婚事程式"计有:"通婚书"(相当于"纳采""问名")、"答婚书"(相当于"纳吉")、"女家受函仪"(相当于"纳成")、"成礼夜祭先灵"(相当于"庙见")、"女家铺设帐仪"(宋代称"铺房")、"同牢盘、合卺杯""贺慰女家父母"(称"归宁",俗称"回门")等,封演的《封氏见闻录》称"近代婚家,有障车、下婿、却扇及观花烛之事,及有卜地安帐,拜堂之礼,上自皇室,下至士庶,莫不皆然"。这些记载,对于唐代的婚礼仪式作了较全面的概括。

从男家遣媒人向女家致通婚书,到女家受函仪是议婚、订婚期间的仪式。婚礼最热闹的场面以"亲迎"为开端。在"亲迎"之前,男家要"卜地安帐"。《焦仲卿妻》诗中有"其日牛马嘶,新妇入青庐",即在屋旁设置青布幔,称"青庐",迎新妇于此交拜,"亲迎"前一天或三天,女家派人到男家给新房挂帐幔,展陈衾褥。

三、中国封建制的聘娶婚及其仪式

良辰一到,新郎在傧相的陪同下到女家亲迎。新郎一行来到女家门前,要受女方家属的戏弄(口头调笑或扑打),称"下婿",这是受少数民族"拦门"婚俗的影响。

新娘出门之前,梳妆打扮,迟迟不出,男方就要咏诗催妆。新娘临行,父母赠言,并以"蔽膝"(或"盖头")覆女之面,出门以后乘用围幔装饰的车子,新郎骑马绕车三匝。新娘喜车启程后,有人拦路阻止新娘的喜车前行,称"障车"。这种仪式起源于女家对新娘的惜别,后变为乡里无赖乘机勒索新婚之家财帛的恶习。

唐代有"新妇入门跨马鞍"(《西阳杂俎》)的仪式,这是来自西北鲜卑族的婚俗。唐代妇女多能骑马,当新娘走近青庐时,要跨过马鞍,意思是平安到达,日后可以过安稳日子。

新郎、新娘在青庐中举行交拜仪,称"拜堂"。由于男女结合而繁衍后代,所以要拜天神地祇;结婚以后,新娘就成了男方家庭的正式成员,所以要拜高堂(父母);结婚使夫妻合为一体,所以夫妻要相互交拜。

夫妻交拜后,牵"同心结"绸(布)条入洞房,称"系指头",表示一对新人同心协力,永不分离。《下女夫词》有"系指头诗":"系本从心系,心真系亦真。巧将心上系,

109

付以系心人。""系指头",宋代称"牵巾"。新婚夫妻入洞房后,有"坐床""撒帐"的仪式。女向左坐,男向右坐。由家属长辈妇女中选一名双全人一边吟唱"撒帐"诗,一边将托盘中的枣、栗子、豆、花生、金钱等撒于帐内。据丁福保的《撒帐钱考》载,撒帐钱有"夫妻偕老""福寿延长""弄璋添喜"等吉祥字样。"合髻"是由新婚夫妻各剪下一绺头发,用彩线系在一起当作信物,已和过去的"结发"有别。因其剪下的两绺头发要系在一起,所以用"结发"的旧称。此后,就是夫妻同牢盘,宋代改用两只有足的杯,以彩丝连杯足,称"交杯酒"。饮酒后,"傧相帐前咏除花,却扇诗三、五首。去扇讫,女婿即以笏(手板)约女花叙(置)于傧相,夫侍俱出,去烛礼成"(刘复:《敦煌掇琐》)。

从新人入洞房到去烛礼成,宾客不分长幼,争拾钱、果相戏谑,专门给新娘出难题,甚至殴打新娘以为吉利,称"弄妇",后世称"闹新房"。第二天,夫妻拜见公婆。然后回拜岳父母家,俗称"回门"。整个婚礼便告结束。

宋代政府的律礼和私家的礼书都对繁复的婚姻仪式提出简化的意向。如《宋书·礼志》称"士庶人婚礼,并'问名',于'纳采',并'请期'于'纳成'"。只保留"纳采""纳吉""纳成"和"亲迎"四个仪式。朱熹认为"纳吉"包括

三、中国封建制的聘娶婚及其仪式

送礼币，不必在"纳成"之前再保留"纳吉"。所以，他的《家礼》和司马光的《书仪》只有"纳采""纳成"和"亲迎"三个仪式。然而，现实生活受旧的习惯势力的影响其婚礼仪式要比书面上的律礼规定复杂得多。

宋代的婚俗与唐代相比，有三个突出的变化：

一是宋代的统治区域大为缩小，城市工商业畸形发展。商品价值观念渗入婚姻领域。男女家长约定日子，带着子弟到园圃、酒楼，或直接到女家与择婚对象相会，称"相亲"，俗称"相媳妇"。如果男方相中女子，便在女子发髻上插入一根钗子，称"插钗"，表示婚事已定。男方若不中意，则给女子送彩缎两匹，表示婚事不谐，打搅了对方，称"压惊"（孟元老：《东京梦华录》）。在"相亲"时，男女青年虽然可以直接见面，但女子始终处于被动地位，由男方决定取舍。

二是嫁娶论财。在"通婚书"中除了写上男女姓名和生辰，还要写明女方随嫁的田舍、资产及奁具数目。这种"娶妻不顾门第，直求资财"（《宋文鉴》）的风气，使买卖婚更加表面化和公开化。"明立要约，有同鬻卖"。造成嫁娶困难的社会问题。陆游因担负不起过重的嫁娶之资，曾上书虞允文说："儿年三十，女二十，婚嫁尚未敢言也。"按照当时的成婚年龄，他的儿女早已超龄。他请求得到官禄，解决自己儿女的婚嫁费用（《渭南文集》卷十三）。尤其是贫困家庭的女子除了婚姻失时，老死蓬门外，或是卖给富人做婢、妾，或是流落都市，沦为瓦舍、勾栏中的娼妓，或是身入空门，削发为尼。由于嫁娶论财，宋代溺杀女婴的现象就显得很突出。

三是"亲迎"时，新娘由乘车改乘轿子，俗称"坐花轿"。嫁娶时用鼓乐，《清平山堂话本·快嘴李翠莲记》对此有生动的描写。

元代统治者强调家长主婚的权力，在"纳采"之前增加一项"议婚"，把"同牢盘""合卺"改称"传席"，余皆依《朱子家礼》。明、清两朝的婚礼在名义上亦依朱熹的成法，但民间的婚嫁之礼并不受它的约束，旧有的婚礼仪式仍然相沿未改。

（八）新婚夫妇的"结发"与"合髻"

中国古代新婚夫妇要举行"结发"仪式，所以，人们用"结发"比喻夫妻关系，或称为结发夫妻。

这一婚礼仪式随着社会生活的发展和民族风俗习性的差异，便呈现出不同的做法。

例如，处于对偶婚向个体婚过渡阶段的霍匹印第安人氏

三、中国封建制的聘娶婚及其仪式

族，男女青年举行婚礼时，由双方的母亲或女性亲戚给他俩在一个盆里洗头，将他俩的头发混在一起，叫作"结发"，表示彼此的系属关系，象征他俩婚姻的结合。

据中国古书记载，女子在十五岁（或二十岁）许嫁，用簪子束发，即"十五而笄"，表示女子有了对象；如果还未许嫁，则表示她已是成年人。因此，有的人将这种做法叫作"结发"，实是误解。究其原因是与男子"二十而冠"表示成年相附会所致。它与婚礼中的"结发"仪式是两码事。

实际上，"结发"表示夫妻的结合，即人身的系属关系。《仪礼》中说："女子许嫁，缨，示有从人之端也。"女子许人，用丝绳束发，表示她有了对象，直到她出嫁时，系在她头发上的那条丝绳才由新郎解脱，"亲说（脱）妇之缨"，把它作为婚姻结合的信物。所以，在汉唐时期的诗歌中经常出现"结发为夫妻，恩爱两不疑"（苏武《留别妻》），"与君初婚时，结发恩义深"（曹植《种葛篇》），"结发为君妻，席不暖君床"（杜甫《新婚别》）之类的诗句。

唐代中后期，"结发"由婚前系缨，成婚时脱缨，变成新婚男女各剪下一绺头发，绾在一起作为信物的婚仪。唐代女子晁采与情人私定终身，写了一首《子夜歌》，"侬既剪云鬟，郎亦分丝发。觅向何人处，绾作同心结"。诗中所描写的剪发细节,就是对"结发"的具体反映。

上文说的《下女夫词》写新婚的"合发诗"说:

"本是楚王宫,今夜得相逢。头上盘龙髻,面上贴花红。"接下来是《疏(梳)头诗》"月里罗婆树,枝高难可攀。暂借牙梳子,笄发即归还。"这两首诗对新娘的发型、面饰写得极为形象。诗名"合发",宋代称"合髻"。孟元老的《东京梦华录》记载:"凡娶妇,男女对拜毕,就床,男左女右,留少头发,二家出匹缎、钗子、木梳、头须之类,谓之'合髻'。"在宋代,新婚夫妻除了各剪下少量头发作为信物,双方家长还要给他们赠送若干首饰用品。这种婚礼仪式,在明代犹有遗存。明代著名文学家冯惟敏在《海浮山堂词稿》中有一首《剪发》词:"玉手解青丝,凤头钗,初斜时。顶心一剪乌云坠,黑鬓云似漆,长鬓儿过膝,单根儿都是心肝系。好收拾,红绒儿辫起,每日看几遭儿。"由于女子剪掉的是头顶上的一绺头发("顶心一剪"),所以才将头发绾成"盘龙髻"的发型,把剪了头发的地方遮住。

从婚俗文化的角度来看,唐宋时期的"结发"或"合髻"这种婚礼仪式主要以新婚男女所剪下的头发作为两人结婚的信物。这是一种古老的婚俗之一。欧阳修在《新五代史·刘岳传》中说"合髻事出鄙俚,然犹时有礼之遗制"。

三、中国封建制的聘娶婚及其仪式

徐珂的《清稗类钞》记载，新疆、蒙古地区也有"合髻"的婚俗。新婚男女在成婚之日，要跪在地上由嫂子将他俩的头发各"拆"下一绺，"交合而梳之"，然后起身，完成这个仪式。

以上情况说明，唐代以前的"结发"和唐代以后的"合髻"都是新婚夫妻在举行婚礼中的一种仪式，所不同的是，"结发"是以女子头上"系缨"和"脱缨"表示她归属于某个男子，不同于男女成年时的加冠与著笄；"合髻"是从新郎、新娘头上各剪下一绺头发编在一起作为结婚的信物，不是把他们的头发交缠在一起，叫他们无法行动。

（九）黄崇嘏"女扮男装"的婚变

在以男性为中心的封建社会，女子在体力上虽不如男性，但她们在才智上却可以超过男性。即便如此，封建礼法的"女不言外"，使她们无从发挥其才智，她们要争取人格的独立更是不可能了。黄崇嘏的故事便具有代表性。

黄崇嘏，五代前蜀（八九四—九二五）王建执政时人。生卒年已不可考。她生于官宦之家，因父母早亡，与一老妪同居，受封建礼法的熏染较少。她聪明机智，性格爽朗、豪放。成年以后，她为了施展自己的抱负，便女扮男装，浪迹江湖，游历四川的名胜佳地。后因失火被人诬陷下狱。在狱中，她写了一首《下狱贡诗》，托人呈献给蜀相周庠。诗云："偶辞幽隐在临邛，行止坚贞比涧松。何事政清如水镜，绊他野鹤在深笼。"周庠见诗大悦，便立即查明案情，她得以平反出狱。周庠很欣赏她的才华，荐举她充任司户参军之职。黄崇嘏在任职期间秉公执法，将政事处理得井然有序，表现了她的干练机敏、"惠民束力"的办事才能。因而越发受到周庠的敬重，向她提出招她为"婿"的要求，崇嘏迫于无奈，只得作《辞蜀相妻女诗》一首，辞婚去职，隐居故里。

她在诗中说："一辞拾翠碧江湄，贫守蓬茅但赋诗。自服蓝衫居郡橡，永抛鸾镜画蛾眉。立身卓尔青松操，挺志铿然白璧姿。幕府若容为袒腹，愿天速变作男儿。"

诗中的"袒腹"是借用王羲之的典故。东晋郗鉴派人到王导家去择婿，王家子弟闻讯，表现出庄重的神情。只有王羲之若无其事，"东床袒腹卧，食胡麻饼"。结果，王羲之中选，郗鉴便将女儿嫁给他为妻。此后，"东床""袒腹"成了婿的代称。

黄崇嘏借这首诗表明自己承蒙蜀相的赏识，得以显露自己青松、白璧般的操守和才华，但自己却是一个女子，有负蜀相的美意。黄崇嘏辞婚回家后，音信杳然，一个有胆识、

三、中国封建制的聘娶婚及其仪式

有才干的女子,就这样被埋没了。

虽然,黄崇嘏没能改变封建社会加给妇女的无权地位和可悲的命运,但她那种要求男女平等的强烈愿望和反抗世俗观念的惊人勇气,却给后人以深刻的启示。她的故乡临邛在今四川邛崃县境内。据《邛崃县志》记载,当地有一座孤石山,相传她的墓在此山中,当地人称此山为崇嘏山。它与"司马琴台""文君井"都是当地有名的胜地。

黄崇嘏的故事有浓郁的传奇色彩。她和木兰从军都有女扮男装、建功立业和重返本真的共同特点。所不同的是,花木兰是文学作品塑造的"武艺"典型,没有生活中的原型,而黄崇嘏在历史上却实有其人。

宋元以后,文人学士对黄崇嘏的评价存在两种倾向。

一是封建卫道士认为她抛头露面,涉足政事是"越礼"行为,而大加斥责。如明人郎瑛在《七修类稿》中指责她有"三不洁":"伪为男子上诗,一不洁也;服役为吏,周旋于男子中,二不洁也;事露而不能告所愿,复以诗戏,三不洁也。何谓青松、白璧之操耶。"黄崇嘏的传记被排斥于正史之外,正是这种封建思想作祟的结果。

二是一些剧作家出于猎奇的心理,将她的故事写成剧本,以满足男性精神享受的需要。如元人杂剧中就有《女状元春桃记》的剧目,"春桃"是剧中黄崇嘏的乳名。此剧早已失传。明代文学家徐渭写的传奇《女状元》,共有五出。作家充分地发挥了艺术想象力,给她附加了许多新的情节。如写她考中状元,当蜀相从她的辞婚诗中看出她的隐情后,又写蜀相上奏朝廷,免她"欺君之罪",等待蜀相的儿子凤羽也考中状元后,与她完婚。

作家为她设置的这个团圆结局全是虚假的,并且用当时文人所向往的政治前程和婚姻观改塑了黄崇嘏去职隐居的生活原型。这不是对她的歌颂,在创作态度上也不是严肃的。这对于封建社会压迫妇女的罪恶起到粉饰的作用。

从徐渭的创作思想来看,他之所以把黄崇嘏改装成这个模样,并非他一时心血来潮,而是受当时文化氛围的制约。自从隋唐实行科举考试以后,知识分子梦寐以求的就是所谓"金榜题名""洞房花烛"这种人生理想境界。即使是久居深闺的女子也会受到这种文化思潮的侵袭。清代女诗人王筠为妇女的无权地位深感愤慨。她在《鹧鸪天》这首词中唱道:

闺阁沉埋十数年,不能身贵不能仙。

读书每羡班超志,把酒长吟太白篇。

怀壮志,欲冲天,木兰崇嘏事无缘。

玉堂金马生无分,好把心情付梦诠。

三、中国封建制的聘娶婚及其仪式

她写作的传奇《繁华梦》虽然是对"女子无才便是德"的封建礼教的勇敢挑战，也是对清政府"严禁淫词小说"法令的大胆反抗。但是，她在幻梦中所追求的并没有什么新的内容，仍然是"洞房金榜""娇妻艳妾"的生活模式。

此剧一开始由女主人公王梦麟上场，她在书房看美女画入梦，转为男身。此后，他同一般学子那样，游学访友，在杭州、吴兴两地先后结识了两个少女，私订终身。同时，他的父母又给他聘定一个小姐为妻。然后是金榜题名，洞房花烛，享受"人间全福，二十年荣贵"的繁华生活。最后，麻姑仙子点化他出梦，复为女身。

作者在剧中塑造的男主人公，当是作者的理想的化身。他风流偶傥，却没有做出什么创举，仍然把妇女当作男性的玩物，美化腐朽的妻、妾制。因此，《繁华梦》被当时的官僚家庭的眷属誉为"声声击节快人心"的绝妙佳作，绝非偶然。

（十）古代的童婚

中国历代封建王朝为了鼓励人口生殖，大多提倡早婚。本文讲的童婚，只限于子腹婚、娃娃亲（或称"童养媳"）和蓄幼妓三种。现分别叙述于下。

子腹婚，又称"指腹婚"或"仝儿婚"。这是封建家长包办子女婚姻的极端形式。胎儿还未脱离母体，便由家长做主为他们预定了婚约，成年以后就要依约成婚。《后汉书·贾复传》记载，汉光武帝刘秀对他的战将贾复说："闻其妇有孕，生女邪，我子妻之；生男邪，我女嫁之，不令其忧妻子也。"这段话是刘秀在贾复身受重伤后说的，其用意在于安慰将心。他主动与贾复缔结子腹婚，以期巩固君臣之间的政治联盟。

后来，这种婚姻形式受到世代通婚习俗的影响，积重难返。司马光在《司马氏书仪》中指出："世俗好于襁褓童幼之时，轻许为婚。"当这些稚儿幼女长大成人，社会环境和人事关系已发生了很大的变迁，背约毁婚的事件不断发生，引发出严重的社会问题。司马光揭露其弊端说："及其既长，或不肖无赖，或身有恶疾，或家贫冻馁，或丧服相仍，或从宦远方，遂至弃信负约，速狱致讼者多矣。"他归纳出以上五种情况都能使子腹婚失效而成为争讼的根源。

宋代以后，封建政府对子腹婚也曾严令禁止，如明朝的"户令"说："凡男女婚姻，各有其时。或有指腹、割衫为亲者，并行禁止。"但它同时仍将子腹婚的女子列入"贞""烈"的表彰对象，宣扬"妇人从一而终"的反动伦理教条。据清人徐珂的《清稗类钞》记载，清朝皇族实行"指婚"。凡近支的王、贝勒、贝子及外戚的子女，年满一岁便将其姓氏、

三、中国封建制的聘娶婚及其仪式

年龄进呈给太后,由她指配与满族、蒙古族和汉军的贵族联姻,满语称为"拴婚"。毛奇龄批评说:这些指婚的小儿,自降生后彼此从未见过面,也不知婚姻为何物,"而妄称夫妇,无端而为之守志,此则乱伦渎类之甚者"。这个批评是正确的。

中国古代一些文学作品以子腹婚作为描写对象。如郑光祖的《倩女离魂》杂剧,描写书生王文举与小姐张倩女由家长"指腹为婚"。后来,倩女的母亲因文举家道败落,功名未就,拒绝他登门求婚,并逼令他上京应试。倩女思念文举成疾,致使她的灵魂离开躯体追随文举而去,两人恩爱异常。文举得官后,与倩女一同还家。于是,倩女的游魂又回到她的身躯之内,美满完婚。

作品深刻地揭露了闺中少女的两重性格,沉重的精神负担与对爱情的执着追求。同时,对社会生活中的那种嫌贫爱富的世态进行抨击。虽然作者的主观意图不一定是在为违反人性的子腹婚作辩护,但在客观上却对这种畸形的婚姻起了粉饰的作用。

娃娃亲和童养媳是一种婚姻形式的两种表现。娃娃亲多发生在小康之家。家长用少量钱财为幼儿娶一个贫家大姑娘在家中待养,不仅增加了一个劳动力,也省却一笔聘礼。童养媳多出身于贫困家庭,家长将女儿送给人家做童养媳,不但解决了抚育的困难，还能得到一些财礼，又省去日后为她置办嫁妆的费用。"民间女幼，许嫁未行而养诸婿氏者，曰'养妇'"（晁补之：《鸡肋集》卷六七）。

童养媳的名称在宋代才出现，却不能认为宋代以前就没有童养媳。只能说，因宋代嫁娶论财使童养媳婚遽然增多，引起人们的严重关注所致。

关汉卿的《窦娥冤》杂剧描写贫穷书生窦宪章因借用蔡婆子二十两白银无力偿还，只得把自己一个七岁女儿送去抵债，做了蔡家的童养媳，由此引出一出惊天动地的悲剧。

收养童媳，一是可以增加家庭的劳动帮手，二是可以省却一笔娶妇的财礼。女子在童养期间，一切井臼、烹调、缝纫之事均由她承担，"夜则抚婿而眠，昼则为之著衣，为之饲食，如保姆然"（《清稗类钞·直隶有娃娃亲》）。女子称小女婿为"弟"，只是订婚关系；小女婿长大才结婚，称"圆房"，或称"开怀"，才算正式家属。

《元史·刑法志》称："诸以童养未成婚男妇转配其奴者，笞五十七，妇归宗，不追聘财。"从中可以想见当时已有转嫁童养媳以牟高利的事情，才以刑罚禁止。

清代江、浙、闽、粤等地区盛行童养媳婚，黄遵宪在一首诗中写道：

三、中国封建制的聘娶婚及其仪式

嫁郎已嫁十三年，今日梳头侬自怜。

记得初来同食乳，同在阿婆怀里眠。

诗中描写的这个女子还在褓褓之中时便被别人收为童养媳。而今已到正式成婚之日，怎不令她感慨万端。

有些人家盼子心切，胎儿还在娘腹就招童养媳入门，美其名曰"插朵花儿待儿生"，更是荒唐之至。

童养媳和娃娃亲多是小男大女的配偶。这对女子来说是莫大的苦痛。清代安庆地区流传一首民歌，对这种婚姻习俗作了无情的控诉。

十八大姐周岁郎，高矮个子一般长。

白天喂吃又喂喝，晚上帮他脱衣裳。

末尿糊屎我侍候，说是老婆像他娘。

童婚是人类婚姻史上出现的一出恶作剧，它使一个民族的人口素质变得孱弱、萎缩，以至丧失生存的能力。因此，人们不断地诅咒它，反对它，是十分合乎情理的。

（十一）妇女的扭曲形象——娼妓

娼妓和娼妓制度是一阕苦涩的艳歌，也是婚姻史上一块糜烂的毒疮。娼妓，原写作倡伎，是歌舞艺人。它起源于原始群婚末期妇女为赎买贞操而作的委身牺牲，以此换取只委身于一个男子的权利。

妇女这种赎身活动大多在爱神庙中举行,得来的钱财归于神庙的钱库。后来,由女巫代替其他妇女实行赎身活动。这种宗教巫女就是最早的娼妓。中国古代女神庙的巫女("尸女"),是从事降神和传授男女秘戏之术的神伎。甲骨文中的"巫"字,像人两手作舞动状。《说文解字》释"巫"字:"女能事无形,以舞降神者也,像人两袖舞形。""巫""舞"两字音、义皆同,舞者为巫,动者为舞。

由神伎变为以卖淫为营生的娼妓,是阶级社会统治者在妇女群中造成的一个特殊阶层。娼妓的兴起,与商品经济的发展、金钱的诱惑,以及城市性比例的不平衡有直接的关系。魏源在《诗古微·桧郑答问》中说:"商旅集则财货盛,财货盛则声色臻。"商旅往来频繁的地区,便是妓女的活动中心。春秋、战国时期,不少城市都有"鼓鸣瑟,跕屦,游媚富贵"(《史记·货殖列传》)的艺伎。此外,还有官方开设的妓院。《战国策》载,齐桓公"置女闾七百,征其夜合之资,以充国用"。意思说,街上住着七百家妓女,政府向她们征税,以满足国家开支。商鞅在秦国变法,对秦国军队驻地附近的"军市"(妓馆)明令取缔:"令军市无有女子""轻惰之民不游军市,则农民不淫"(《商君书·垦令篇》)。秦、

三、中国封建制的聘娶婚及其仪式

汉以后，伎可分为宫廷伎、官伎、家伎和花街柳巷的娼妓等。它们是统治阶级男性实行妻、妾制的补充形式。宫廷伎是专供帝王及皇族声色之娱的工具。她们之中只有极少数人以色艺见幸。如汉武帝的李夫人、汉成帝的赵飞燕姊妹原来都是"妙丽善舞"或"学歌舞"的艺伎，入宫后受到宠幸。所不同的是，李夫人较有自知之明，她谢绝了汉武帝看她的病容。她深知自己"以容貌之好，得从微贱爱幸于上。……今见我毁坏，颜色非故，必畏恶吐弃我"，李夫人死后，她生前的美好形象仍活在武帝的心里，她的兄弟也受到武帝的"闵录"（《汉书·外戚传》）。而赵氏姊妹则恃宠骄妒，残杀许美人和中宫史曹宫所生之子，一旦罪恶暴露，便自杀而亡。

唐玄宗时的"黎园子弟"曾是皇家艺苑的佼佼者。她们大多是从外教坊的幼伎中挑选出来的。王建的《宫词》说："十三初学擘箜篌，子弟名中被点留。昨日教坊新进入，并房宫女与梳头。"诗中描写的小姑娘会弹竖箜篌，选入梨园时还不会拾掇自己的头发。

据崔令钦的《教坊记》称，梨园子弟按其技艺水平分为"前头人"（在皇帝前头表演高难度节目的艺伎）、"搊弹家"（演习琵琶的宫女）和"两院杂妇女"等不同级别。安史之乱，"惊破霓裳舞衣曲"，梨园子弟便烟消云散，沦落风尘。

125

官伎（包括"营妓"）是封建官府管辖的乐户，受官府的差遣。唐代的薛涛、宋代的严蕊等就是其中的代表。

家伎是官僚士大夫、富商大贾私人蓄养的伎女，也是主人的婢、妾。主人对她们可以任意处置，或赠与，或交换，或典卖，甚至杀害。《魏书·高聪传》说他"有伎十余人，……皆注籍为妾，以悦其情，及病，不欲他人得之，并令烧指吞炭，出家为尼"。可见家伎的命运极为悲惨。

花街柳巷的妓院以卖淫为营生。院主与匪徒、人贩子、地痞、衙役相互勾结，将拐骗、抢掠、收买来的幼女给予专门的艺术训练，然后以高价转卖出去，或迫使这些"婷婷袅袅十三余，豆蔻年华二月初"的少女去卖身。有一首歌谣说："阿母怜金玉，亲兄要马骑。把将娇小女，嫁与冶游儿。"便形象地勾画出把女子当作摇钱树的社会心理。

古代白话小说《卖油郎独占花魁》里的花魁娘子，本名莘瑶琴。她十二岁时，在一次战乱中与父母离散，被近邻卜大郎诱骗到临安，以五十两银子把她卖给一家妓院，改姓名为王美。鸨儿用计使她失身，又诱使她与豪门子弟来往，名重一时。她完全有可能凭着自己的才貌挤入上层社会，做达官贵人的宠妾。然而，她却被一个卖油商贩秦重的真诚的爱和他体贴入微的关心和照顾所感动。她的思想感情经历了从

三、中国封建制的聘娶婚及其仪式

看不起秦重，到对他产生好感，终于愿意嫁给他的转变过程，并向他表示"布衣素食，死而无怨"的决心。同时，反映了作者对烟花女子追求自由爱情、婚姻的同情和赞赏："易求无价宝，难得有情郎。"

在妓女群中，历代不乏"心比天高，身为下贱"的名姝丽妓。她们在品德、才艺方面往往高出于同时代的女性，因而使许多诗人、学者为之倾倒。这种情况与古希腊哲人与黑特列（意为女伴）的关系有相似之处。

南宋有个谢希孟爱上一个陆姓的妓女，他的老师陆象山知道后，批评其行为不端，"有愧于名教"。他虽然表面上接受老师的教诲，但没过几天，又给这个妓女修建了一座鸳鸯楼，并写了一篇修楼记。陆象山知道后十分气恼，要谢希孟交出文稿，看看究竟写了些什么。当他看到文章的开头一句，"自逊、抗、机、云之后，而地上英灵之气，不钟于男子，而钟于妇人。"使他无言作答。谢希孟在这些受损害者的身上发现她们潜在的美好品质和才智，于是情不自禁地发出一句带有叛逆性的呼声。

历代名伎（妓）中，有不少人身经悲欢离合的遭遇，而成为文学作品中咏唱的题材，流传不衰。如宋代的梁红玉，元代的朱帘秀，以及明末、清初的"秦淮八艳"（马湘兰、卞玉京、李香君、柳如是、董小宛、顾眉生、寇白门、陈圆圆），在她们身上不乏闪光的东西，与封建的道德观念相对立。

"寻花问柳""置婢买妾"本是地主阶级"家训""家范"所反对的。由于狎妓、蓄伎已成为社会的恶习，积重难返。在清朝顺治十三年（一六五六）陈圻的女儿出嫁，他写了一本《新婚谱》作为闺门教材，在当时广为流行。《新婚谱》把男子"游意娼家、买婢置妾"誉为风雅之事，说什么"坐挟妓女，皆是才情所寄"，要做妻子的"一须顺适，不得违拗"。宋恕对此提出质问：你不同情这些沦入苦海中的弱女子，反而以"宿娼"为风雅，为什么不允许你自己的妻女去做这种"雅人"？你不设身处地地想一想，反而"斥难妇为淫贱"，这是道学家"阴拥"坏人的谬论（《六斋卑义·救惨》）。他的这番义正词严的批评应予肯定。

在中国历史上，秦代、北宋和太平天国都发动过大规模的禁娼活动，但都禁而不绝，反而带来娼妓的繁衍。清人潘溶泉在《游虎丘冶芳滨》的诗中说："人言荡子销金窟，我道贫儿觅食乡。"它说明只要社会上存在贫富的分化、失业人口的膨胀和物欲的诱惑，就无法杜绝娼妓的滋生。

（十二）和亲与民族间的通婚

在历史上，中国各民族将自己的祖先或上溯到羲、娲时代，或推衍到炎、黄之世，都反映出我们民族多流同源的共同心理状态。虽然，中国各民族在历史发展过程中有兴有灭、有分有合，但在各民族共同体中也渗透了其他民族的血缘和文化因子，而具有强大的生命力。

汉族是由先秦华夏族发展来的，称"华夏"或"诸夏"。在南北朝时期，"汉"才由朝代（国）名变为民族名。在中华民族的大融合中，民族间的通婚与和亲起着重要的促进作用。

和亲是实现民族上层人物通婚的一种政治抉择。它指中原王朝以宗室女和边疆少数民族首领所缔结的婚姻关系，而民族之间的通婚则指各民族下层人民间所发生的婚姻行为，这是两个不同层次的婚姻。从历史上看，民族间的通婚从族外婚以后就已开始，这是自发的。而中原王朝用和亲来缓和民族之间的矛盾，却是自觉的，由西汉刘邦开其端。

由于和亲是双方统治者在权衡战争与和平的利害得失之后实行的，因此，在他们的主观上就有两种抉择：一是把和亲当作军事斗争的一个筹码，作为一时的权宜之计；二是双方从较长的利益出发，认识到和亲有利于增进民族团结和友好的意义，避免因战争而造成的民族牺牲和仇怨。

从"相悦成婚"的观点看，后一种抉择也是统治者为了"增进自己势力的机会，起决定作用的是朝廷的利益，而决不是个人感情"（《起源》）。在"朝廷利益"与远嫁公主的"个人感情"之间存在着尖锐的矛盾，这是不可讳言的。但上述的后一种抉择符合民族的利益和历史发展的方向，这对于每个和亲的公主都是严峻的考验。

汉武帝时，先后将细君公主和解忧公主嫁给乌孙昆弥（国王），她们对和亲的认识就很不相同。细君公主面对转房问题而陷入"个人感情"的旋涡，不能自拔，不久便忧郁而亡。解忧公主却认识到"国家事重"，克服"个人感情"上的障碍，在乌孙生活五十年，转房三次，积极发展汉与乌孙的友好关系，完成了西汉王朝"断匈奴右臂"的战略计划，并促进了乌孙、西域各国与内地的经济、文化交流。因此，解忧公主的贡献远非细君公主所能企及。

在中国历史上汉唐两朝和亲最多（清朝满蒙和亲也很频繁），我们从汉唐两朝重要的和亲历史，可以得到粗略的认识。

汉唐两朝都是在农民起义的基础上建立的封建王朝。长期的战乱使国库空虚，民生困穷，人民希望有一个比较安宁的环境来恢复和发展社会生产，医治战争创伤；同时，国内

三、中国封建制的聘娶婚及其仪式

还存在着各种割据势力,不利于朝廷集中力量与入境掠夺的少数民族进行武装对抗。在这种复杂的形势下,统治者如何"审时度势"制定出合宜的政策就具有重要的意义。

汉唐两朝都实行了和亲政策,从总体上看,汉唐两朝的统治者都存在清醒与不清醒,自觉与不自觉的问题。

西汉初年,刘邦面对匈奴入境掠劫的巨大威胁,不顾主客观条件亲自率领三十万大军与匈奴决战,在身陷重围后,他以贿赂买通匈奴阏氏(正夫人)才得以脱险,被迫接受刘敬的和亲建议,把希望寄托在"冒顿(匈奴国君)在,固为子婿;死,则外孙为单于……兵可无战以渐臣也"(《汉书·娄敬传》)的天真幻想上。其后,吕后、文帝、景帝相继遣公主嫁给匈奴单于,并派使臣带着厚礼送往匈奴,"堕坏前恶,以图长久",换取边境的安宁。

匈奴接受和亲,也有利可图,一方面它可以得到大批财物,并在通关市中获得它所需要的生产资料和生活用品;另一方面,和亲并没有给它带来什么限制,虽"无大寇",却"时小入盗边"(《汉书·匈奴传》)。刘邦死后,匈奴冒顿单于派使者向吕后递交一封信,信中用下流语言对吕氏进行侮辱性的戏弄。因匈奴势盛,汉朝君臣只得忍气吞声,"复与匈奴和亲"。

经过几十年的休养生息，汉朝的国力大为增强，汉、匈关系也没有大的破裂。"匈奴自单于以下皆亲汉，往来长城下"。汉武帝为了要雪白登之耻和吕后之辱，企图以武力打败匈奴，终于在元光三年（前一三二）制造了马邑（今山西朔县）事件，挑起了长期大规模的战争。

汉武帝为了"断匈奴右臂"，主动与乌孙昆弥和亲，先后遣送细君公主和解忧公主出塞，以期达到联合乌孙合击匈奴的目的。这时，乌孙也想借重汉朝的力量以摆脱匈奴的统治。在汉与乌孙的联合夹击下，匈奴遭到惨败。后来，匈奴统治集团发生内讧，加上被它统治的人民起来反抗，加速了匈奴的衰落。

汉王朝虽然在对匈奴的战争中取得了巨大的胜利，但自己遭受的损失也很惨重。汉宣帝时，许多朝臣提出趁匈奴内乱以消灭匈奴的建议，而萧望之则力主与匈奴交好，反对征伐。匈奴呼韩邪单于也从现实教训中认识到"不依汉则无以自存"的严重性，于是向汉元帝请求恢复中断已久的和亲关系。王昭君出塞的故事就是在这样相互理解的思想基础上发生的。汉元帝将昭君出塞的这一年改为"竟宁元年"（前三三），表示从此边境永远安宁。呼韩邪单于也封昭君为"宁胡阏氏"，表示匈汉边境从此得到安定。王昭君和她的女儿、

三、中国封建制的聘娶婚及其仪式

外孙相继为汉、匈两族的和平友好奔走出力,使西北边疆出现"边城晏闭,牛马布野,三世无犬吠之警,黎庶亡干戈之役"(《汉书·匈奴传》)的升平景象。

唐代李氏家族与鲜卑族联姻,这种家庭影响使他们少有民族偏见,在李渊建立唐王朝后,便将和亲确定为有利于发展民族亲谊和团结的基本国策。

唐高祖李渊在武德二年(六一九)下诏说:"朕新应宝图,临抚四极,怀近远来,追革前弊,要荒藩服,宜与和亲"(《四库全书》卷一四七,帝王部武德二年闰二月诏)。唐太宗李世民即位后就说:"夷狄亦人耳……不必猜忌异类。盖德泽洽,则四夷可使如一家;猜忌多,则骨肉不免为仇敌"(《唐会要》卷九四,北突厥条)。这是他对民族关系最深刻的认识。由于他有视汉与备少数民族如一家的广阔胸襟,因而他获得各少数民族的敬爱,被尊称为"天可汗"。

据崔明德先生统计,唐王朝与少数民族首领正式和亲共有二十三次之多(《对唐代和亲的一些考察》、《历史教学》一九八一年十二期)。文成公主和金城公主先后入蕃,就是在这种思想氛围下成行的。苏颋在饯别金城公主的诗中说,"帝女出玉津,和戎转蜀轮""旋知偃兵革,长是汉家亲"。便表达出群臣对和平的真诚心愿。

和亲是两相情愿的事。只要有一方缺乏诚意，和亲就会发生波折。安史之乱以后，唐王朝向回纥可汗借兵参与平定战乱，为了答谢和继续利用回纥力量，肃宗、代宗和宪宗都不惜将亲生之女嫁给回纥可汗，无奈唐王朝本身没有足够的力量作后盾，当回纥士卒恃功剽劫，便无法制止，对于回纥以一匹马换四十匹绢这种强制性的"和市"贸易，也只能被迫接受，这给中原人民造成了不堪忍受的负担，被讥为"忍耻和亲，姑息不改"。

在汉、唐两朝的和亲中，解忧公主、王昭君、文成公主和金城公主的非凡业绩，皆彪炳于史册。尤其是王昭君和文成公主两人在蒙古人民和藏族人民中享有更高的荣誉。昭君墓被看成是民族友好的纪念碑，文成公主的塑像和遗物也被当作民族情谊的宝物加以珍藏。

在历史上，很多诗人墨客以"咏史"或"怀古"为题，把昭君故事移置于民族矛盾激烈的背景下或抒其怨，或写其恨，用来讽喻现实。因此，我们不能把它误解为就是对王昭君本人的真实描写和客观评价。

各民族人民之间的通婚，在封建社会要受统治者制定的民族政策的制约。民族利益高于"个人感情"。《唐律·卫禁律》"外奸入，内奸出条"规定了"肃官箴、防奸宄、卫

三、中国封建制的聘娶婚及其仪式

国防"的治保原则,严禁边关的官民与少数民族通婚,入朝番客娶中原女子为妻妾,在回国时,不能将她们带走。唐王朝作出这些规定是事出有因的。据《旧唐书·李德裕传》记载,维州是西蜀控吐蕃之要地,"吐蕃利其险要,将妇人嫁于此州阍者(看城门的人)。二十年后,妇人生二子成长。及蕃兵攻城,二子内应,其州遂陷。吐蕃得之,号曰'无忧城'"。维州在今四川理县境。维州的失陷,说明制定卫禁律的必要性与重要性。

白居易的《缚戎人》描写了一个流落到吐蕃的西北边民,他因思乡心切,"不使蕃中妻子知"而私自出走。不幸在归途中被唐兵把他当作"蕃虏"而流配到吴越地区。他将"胡地妻儿虚弃捐"。这虽然是因法令限制而使然,自己却落得终身长恨。李靖之孙令问因他的儿子与回纥部的首领通婚被连坐,贬为抚州别驾(《新唐书·李靖传》),也是因他触犯了有关法令而受罚。

明、清两朝对民族通婚都采取了区别对待的原则。如明朝政府鼓励汉人娶蒙古、色目女,却不准蒙古、色目人自相嫁娶。《明会典》洪武五年称,"令蒙古色目人氏,既居中国,许与中国人家结婚姻,不许与本类自相嫁娶,违者男女两家抄没。"清朝顺治五年(一六四八)曾发布"令满、汉官民得相嫁娶"的诏令，但不久又改为严禁满、汉通婚。清朝《户部则例》称，东京（今辽宁辽阳）旗人之女不准嫁与民人为妻，倘有许嫁民人者，将双方家长依违制列治罪。并将该女开除旗籍。对于入关的旗人与汉人通婚，则作出不同的规定：汉族名门之女嫁给旗人为妻者，政府赐给恩奏银两，以资鼓励；旗人在外地落业，已编入该地旗籍者，政府准其与当地汉民互相嫁娶（王先谦《东华续录》）。

　　清代满、汉通婚，始于顺治皇帝，他一举突破了"宫中守祖宗制，不蓄汉女"的祖训，娶汉官石申之女为恪妃。其后，乾隆皇帝又破例将皇后富察氏所生的公主嫁给孔府的衍圣公孔宪培为妻，这样，上行下效，满、汉两族通婚的范围便日益扩大。

　　随着各民族文化、经济交流的加强和友好情谊的加深，旧的族规、家法被逐渐打破，许多少数民族的成员融合于汉族之中，而汉族成员融入其他民族的则是少数。因此，民族分布区形成大聚居、小杂居的特点，汉族成为中国人口最多的大民族。

（十三）古代的离婚规定
——"七出"与"三不去"

中国古代婚姻的离合曾有"夫妇之道，有义则合，无义则去"的说法（《礼记·檀弓》），是规范婚姻离合的一条基本原则。虽然，人们对于"义"可以作出不同的理解，但在约定俗成中人们会对它取得共识。夫妻感情相宜则结合，感情破裂则离异。

在一夫一妻制从群婚中分离出来的时期，婚姻的离合是比较简便的。为了维护夫妻关系的稳定和限制轻率的离婚行为，《管子·小匡》有"士三出妻，逐于境外；女三嫁，入于舂谷"的记载，要求男女慎重对待"出妻"与"改嫁"的问题。

随着封建制度的巩固和男尊女卑思想的确立，封建礼法把夫妻的相依相待的关系解释成片面服从的关系，剥夺妇女的自决权利。《礼记·郊特牲》说："妇人，从人者也。幼从父兄，嫁从夫，夫死从子"。这就是所谓"三从"。又说："信，妇德也。一与之齐，终身不改，故夫死不嫁。""齐"，应读为"醮"，指夫妻在婚礼上同饮一杯酒。此后，妻子便终身不得再嫁。若丈夫早死，妻子为亡夫承担守节的义务。

《礼记》虽在汉代才整理成书，但有要求妇女守贞节的思想，"贞女不事二夫"，在春秋战国时期已成为一部分人的生活信条。如春秋时，宋共公的夫人伯姬在婚后十年而寡，一次宫中失火，她身边的人三番两次地劝她出宫避火，她都用"妇人之义，傅母不在，宵不下堂"的话加以拒绝，终于被活活烧死。谷梁赤称赞她是"以贞为行"的妇人（《谷梁传·襄公三十年》）。妇女的离婚与改嫁受到贞节观的影响。

官方提倡妇女守贞，始于秦始皇。当他确知自己的生母与相国吕不韦、长信侯嫪毐私通后，采取果断措施，"夷嫪毐三族，杀太后所生两子，遂迁太后于雍"，迫使吕不韦"饮鸩而死"（《史记·吕不韦传》）。秦国本是"男女无别"的社会，秦昭王的母亲宣太后在孀居期间，公开与义渠戎王姘交，生了两个儿子，她杀了戎王后又爱上魏丑父，秦昭王并不忌讳。然而，秦始皇却一改秦昭王的放任态度，要把封建制度推行到宫廷中。他在统一六国后，依照处置他母亲事件的思想，提倡妇女守节。他给巴蜀地区的一个寡妇造了一座"女怀清台"，为当地妇女树立一个遵守妇节的典范。

到了汉代，男女关系逐渐严肃起来，法律只承认一夫一妻制，丈夫虽可纳妾，但不能与妻妾以外的女子（包括奴婢）

三、中国封建制的聘娶婚及其仪式

妍交,否则就要受刑罚处理。汉代公主、民妇虽有改嫁的事例,但官方也鼓励女子守贞,宣帝神爵四年(前五八)诏赐"贞妇顺女帛"(《汉书·宣帝本纪》)。东汉安帝元初六年(一一九),还规定对贞妇奖励"十斛义谷",并在贞妇所在的乡里立牌坊,加以表彰(《后汉书·安帝本纪》)。

魏晋南北朝时期,各少数民族入居中原,与汉族杂居,相互融合。它们在接受汉化的同时,也用自己的风俗对汉族的贞节观发生淡化的作用。史书记载,后妃公主改嫁之事习以为常,民间女子离婚、改嫁也屡见不鲜,颜之推在《颜氏家训·治家》篇说:"江东妇女,略无交游。其婚姻之家,或十数年间未相识者,惟以信命赠遗""邺下风俗,专以妇持门户。争讼曲直,造请逢迎"。"代子求官,为夫诉屈,此乃恒、代之遗风乎"。"河北人事,多由内政。绮罗金翠,不可废阙"。这时的妇女大有里里外外一把手的气概,在一定程度上突破了"女不言外"(《礼记·内则》)的界限。

西晋裴頠鉴于贾后骄淫写了《女史箴》,把妇女的贞节比作洁玉、馨兰,但信守"女不再醮"的妇人并不太多,《晋书·列女传》撰录的贞女烈妇仅有三十三人。比明、清两朝《列女传》的人数少九十倍。

唐朝皇族与鲜卑族联姻,封建礼法比较松弛。唐高宗以

139

其父的才人为自己的昭仪（后为皇后），玄宗以其子寿王妃杨玉环为贵妃，这显然受少数民族转房习俗的影响，唐肃宗以前诸帝的公主再嫁、三嫁者凡二十八人，公主与僧、道私通之事也不少，说明人们的贞节观念比较淡薄。《旧唐书·列女传》表彰的妇女也只有三十一人。所以，《朱子语类》说：唐代社会对"闺门失礼之事，不以为异"。

《唐律·户婚》对离婚有三种规定：一是"和离"，指男女双方自愿离异。法律对"夫妻不相安谐而和离者，不坐"。二是夫方的强迫离异，即"出妻"。这是沿用"七出"与"三不去"的旧规，但它在唐代则有法律意义。若妻子犯有"七出"中的一条，同时又符合"三不去"中的一条，法律就不准夫方出妻，否则处一年有期徒刑。三是"义绝"，指政府判离，包括夫对妻族、妻对夫族成员的殴杀、奸非和谋害等罪，夫妻一方犯了义绝，经官府判断属实，法律即强制其离异，对不肯离异的人，加以处罚。

然而，到唐朝后期，山东士族通过科举入仕，重新在政治上抬头，他们重门第、尚礼法的思想，影响到整个社会。唐朝皇族为了适应"民间修婚姻，不计官品，而上阀阅"的时尚，开始注重贞节，提倡妇女守志，对妇女离婚、改嫁的限制加严。如唐宣宗时规定："公主，县主有子而寡，不得再嫁"(《新唐书·公主传》)。

　　北宋王朝的建立，结束了"置君如易吏，变国若传舍"(欧阳修《新五代史·序》)的分裂局面，又面临社会秩序的重构。在这种形势下，必须有新的道德知识通过人们的生活实践转化成人们的信念。因此，便出现了程朱理学、王安石新学及其他学派。程朱理学提倡"饿死事小，失节事大"的说教，但它在社会生活中并没有发生支配性的影响。洪迈的《夷坚志》中，记载六十一起寡妇改嫁的事例。《水浒传》中的卢俊义对吴用说："卢某生在北京，长于富家，祖宗无犯法之男，亲族无再醮之女"，把妇女守贞当作亲族的光荣，这完全符合理学家的说教。然而在现实生活中也有"初嫁由亲，再嫁由身"的论调，反映了广大妇女争取自身权利的愿望。

　　当时的社会对妇女离婚、改嫁大多持同情的态度。范仲淹的儿子纯仁去世，仲淹要儿媳改嫁，他设"义仓"，给本族寡妇提供改嫁费用。甚至理学家程颐也准许儿媳改嫁，并没有强迫她守节（《程氏外书》卷十一）。宋朝刑律规定，寡妇改嫁可请求官府批准。褚稼轩的《坚瓠集》（卷四二）记载，福建蒲田县一个寡妇请求地方官批准她改嫁给东邻陈三官，得到太守的批准。

　　宋朝出现的程朱理学，从元代开始被封建统治者立为儒学的正宗，对妇女的压迫日益严酷。元朝统治中国九十八年，而《元史·列女传》撰录的烈妇贞女高达一百八十七人。

改嫁与守节实际上是两种文化思想的矛盾和斗争。明、清时期，一些具有民主倾向的思想家从传统文化中寻求反抗封建专制的理论武器。如《礼记·礼运》篇有"饮食男女，人之大欲存焉"的说法，就肯定了人欲的存在。李渔强调爱情具有潜在魔力，说它一旦萌发，即使神仙鬼怪也无能为力。至于"夫妇之道，有义则合，无义则去"，更是规范婚姻离合的一条基本原则。司马光的《训子孙文》就引用它作为家训。署名为袁宏道作的《花陈绮言题词》公然为反抗封建礼教的男女热情辩护。它说："卓氏琴心，宫人题叶，诸凡传诗寄柬，迄今犹自动人。而不删郑卫，即尼父（孔子）犹然，何必槁木死灰，乃称名教也。"它捧出孔老夫子来反对理学，把妇女变成"槁木死灰"的贞节观，对于男女争取婚姻自主起到积极的作用。

下面，对于"七出"与"三不去"的内容作些解释。

"七出"，也称"七去""七弃"。包括以下几项：

（1）无子。因无子而出妻，这不仅违反科学常识，而且把不生育子女的责任完全归咎于妻子。据近代生物遗传学的实验，人体内的染色体有二十三对，从父母体内各得

三、中国封建制的聘娶婚及其仪式

二十三条,其中二十二条称常染色体,另一条称性染色体,具有性别遗传的功能。女性性染色体基因全是 X 型,男性性染色体基因一半是 X 型,一半是 Y 型。男性 X 型基因与女性 X 型基因结合则生女孩,男性 Y 型基因与女性 X 型基因结合则生男孩。因此,夫妻结合生男生女的机会大体相等。性别比例大致上是平衡的。至于生男或生女,主要责任在男子身上。如下图所示:

$$(男)\begin{matrix}Y——男孩——\\X——女孩——\end{matrix} X(女)$$

古代诗人虽然不懂得这些科学知识,但他们对女子无辜而出是表示同情的。乐府诗《上山采蘼芜》描写一个弃妇与原夫在山下路遇时的对话场面。她之所以被遗弃,并不是因她的容貌、女功不如新妇,而是她没有生育。据说蘼芜是一种有利于生育疗效的中草药。这是她上山采蘼芜的隐情。

范摅的《云溪友议》有一则故事说,严灌夫娶慎氏为妻,"经十余年无嗣息,灌夫乃拾其过而出妻"。慎氏临别赋诗,与灌夫永诀。

当时心事已相关,雨散云飞一饷间。

便是孤帆从此去,不堪重上望夫山。

这首诗倾述了他俩昔日的恩爱和眼下生分的悲哀。"灌夫览之悽感,于是复好如故"。夫妻的情分战胜了世俗的偏见。

（2）不事舅姑。家长为儿子娶妇,以自己的好恶为转移,《礼记·内则》说:"子甚宜其妻,父母不悦,出;子不宜其妻,父母曰:'是善事我者,子行夫妇之礼焉,没身不衰'"。因此,对子女来说,结婚"并不是主观的爱情,而是客观的义务"。

西汉蒋侍妻庞氏对婆母"奉顺尤笃,母好饮江水",庞氏经常往返十余里去汲水。一次她去江边汲水,遇到大风未能按时回家,婆母口渴,蒋侍不问情由,便以不孝的罪名将她休弃（《后汉书·蒋侍传》）。在历史上,这种贤媳妇遇上狠公婆的事件屡有发生,其原因盖出于家长握有支配子女婚姻的权力。

明人何良俊的《四友斋丛说》卷一五记载,明朝文学家康海,生性放诞,娶尚氏夫人后,"每日游处狭斜中,与夫人大不相洽,后遣之归"。但这位夫人仍对舅姑"每日三飧"精心操办,"无间寒暑风雨"。此事被地方官知道后,就出面干预,康海的父母也对他劝谕,使他"始悔悟,迎夫人,遂为夫妇如初"。

这位夫人与丈夫的离而后合,关键在于她与舅姑的关系处理得很得体。

（3）淫佚。夫妻之爱以专一为美德,这是一夫一妻制

三、中国封建制的聘娶婚及其仪式

排斥群婚而形成的道德观念。在群婚意识未廓清之前，有些人对女子的放荡全不在乎。《左传·哀公八年》载，齐悼公聘定鲁国季康子之妹季姬为妻，他即位后派人前去迎娶。因季姬与她的叔父有不正当的关系，季康子不敢把她嫁出去，齐侯发怒，派齐军伐鲁迎季姬而归，齐侯对她宠爱异常，并退回鲁国的失地。

《北齐书·徐之才传》说：徐之才的妻子与和士开私通，"之才遇见而避之，退曰：'妨少年戏笑'"。他发觉了妻子的奸情，竟采取回避态度，这在民族大融合时期并不是个别现象。

夫妻间的爱是双方感情调适与融合的过程，而不是单方面的赐予。所谓"男有重婚之道，女无再醮之文"是十足的偏见。在唐代中叶以前，无子女的寡妇与鳏夫有再嫁、再娶的权利。董仲舒的《春秋决狱》说："夫死无男，有更嫁之道"（《九朝律考》）。曹操在《述志令》中说："孤万岁之后，汝曹皆当出嫁。孤此言皆肝膈之要也。"不要他的众妾在他死后为他守志。

至于有子女的寡妇改嫁，由于对子女的养育、归属等问题不易得到妥善解决，难以得到社会的谅解，难免会背上"有子而嫁，背死不贞"的坏名声。

唐宋以后，官方敕令五品以上官员的妻妾及出征军人的妻子不得改嫁，如有违犯，将主婚人断罪。淫佚，在"七出"中比较突出，"为其乱族也"（《大戴礼·本命篇》）。夫家为了维护血统的纯洁和自身的名声，对于有淫佚行为的妻妾，一般不会仅以"出"之作罢。《水浒传》写了有关妇人淫行的四起恶性"命案"，即宋江杀惜、武松杀嫂、杨雄杀妻和卢俊义杀妻。这四起"命案"在不同程度上牵连到政治问题，受害的一方在强烈的报复心理驱使下，便以凶杀雪恨。作者之所以对它们着意描写，必然与它所反映的社会文化心理是声息相通的。

（4）妒嫉。妻子因丈夫另有新欢而产生妒嫉，这是她的感情受到伤害而产生的自卫心理，并不是什么"恶德"。然而，这种心理过度发展进而表现为极端行为时，也会酿成罪恶。这种情况极为复杂，不可一概而论。现举两个不同类型的例子，以示区别。

《晋书·贾充传》记载，贾充的夫人郭槐，性"妒忌"。她先后两次看见两个乳母抱着她的一个年已三岁的儿子和一个刚满周岁的儿子的时候，贾充用手向儿子拍掌，或抚摸儿子的头。她便怀疑贾充与乳母有私情，就把两个乳母杀死。她的两个儿子因思恋乳母，皆发病而死，"充遂无胤嗣"。

三、中国封建制的聘娶婚及其仪式

郭槐的妒忌,既害死自己两个儿子,又杀害了两个无辜的乳母,其罪过为天地所不容。而房玄龄的夫人卢氏却长期受世人的诬罔。

《太平广记》记载,房玄龄与妻卢氏结发为婚,一次,房玄龄病重,便嘱咐卢氏说:"吾病革(危),君年少,不可寡居,善事后人。"卢泣,入帷中,剔一目示玄龄,明无他。房玄龄病愈,两人感情弥笃。后来,房玄龄辅佐唐太宗当了大官,唐太宗将宫中美人赐给房玄龄,他多次辞谢不受。太宗便令皇后召见卢夫人进行说服,卢夫人执意不从。太宗逼她表态说:"宁不妒而生,宁妒而死。"她毅然回答说:"妾宁妒而死。"于是,太宗派人酌一杯酒给她,逼问道:"果真如此,可饮此一鸩(用鸩鸟羽毛泡成的毒酒)?"卢夫人举杯一饮而尽。其实,她饮的并非毒酒,唐太宗只是吓唬她罢了。

由此可见,卢夫人的"妒",实际上只是她为保护做妻子的正当权利而采取大义凛然的自卫行动,与"妒嫉"毫无相干。

(5)恶疾。说这种病妇"不可供粢盛",不能操持祭品,便在被出之例。至于有恶疾的男子则不论。所谓"恶疾",指麻疯、癫痫,以及性器官病之类的病人。近代男女在结婚前要到医院进行体检，加以预防。

（6）多言。指妇人挑拨家人之间的是非，防止妇人参与家政的权利，强使她们听任家长的摆布。《史记·陈丞相世家》说，陈平与兄共居，其嫂嫉平不事生产，便大发牢骚："有叔如此，不如无有。"她丈夫听到后，便"逐其妻而弃之"。《后汉书·李充传》说，李充兄弟六人与父母同居共财，其妻提出分家的意见，李充便以"离间母兄"为理由，"强令出门"，将她休回娘家。

《快嘴李翠莲记》（《清平山堂话本》）描写了一个"口快如刀"的姑娘李翠莲。她性格刚直，快人快语，对于她认为不合理的事情，敢于公开表示反对意见，从不考虑后果如何。因此，她未嫁前，父母为她"多言多语"而犯愁，怕"被人耻笑"，她出嫁时，又和媒人、赞礼先生闹翻。婚后，在公婆眼里，她不是那种"女人家须要温柔稳重，说话安详"的儿媳，她列举张良、陆贾、萧何、苏秦、张仪、晏婴、管仲等为自己"多言"作辩护的依据，"这些古人能说话，齐家治国平天下"。并讽刺道："公公要奴不说话，将我口儿缝住吧。"最后，由公婆做主，逼着儿子将她休弃回家。

她回到娘家，又受到父母、兄嫂的埋怨。于是她决然与父母、兄嫂断绝关系，出家当了尼姑。她是个不准女子"多言"

三、中国封建制的聘娶婚及其仪式

的封建礼教的受害者，也是个捍卫自己言论自由的胜利者。

（7）盗窃。妻子是男方家长用财礼赎买来的，所以她就无权过问家中的财产。《大戴礼》说，"父母在……不许有私财"。所谓"私财"，包括"子妇无私货、无私蓄、无私器、不敢私假，不敢私与"。封建法律对于家长的产权则极力加以保障："凡同居，卑幼不由家长，私擅用本家财物者，处罚"（《唐律疏义》）。妇人的一举一动，家长都像防贼那样加以监视，她们如果私自动用家中钱财便扣上"盗窃"的罪名，休回娘家。

所谓"三不去"是对"七去"的限制，"三不去"包括"有所娶、无所归""与更三年之丧"和"前贫贱，后富贵"三种情况。妇女虽犯"七出"，若有"三不去"中的一条而去之者，为法律所不容。中国古代诗人写了不少"弃妇词"，大多同情那些"先贫贱，后富贵"而被去的妇女，为她们鸣不平。如《诗经·卫风·氓》是《中国古代文学史》中经常提到的作品。诗中描写这个离婚女子的"错误的爱情，不幸的婚姻，她的恨和她的决绝"（余冠英《诗经选译》），便属于"先贫贱，后富贵"而被遗弃的妇女。作者站在弃妇的一边，控诉和揭露其丈夫"二三其德"的丑恶本质，有深远的认识和教育意义，它堪称中国优良文化传统中"糟糠之妻不下堂"的重要组成部分。

此外，封建政府还有几项准许离异的规定：如在魏晋南北朝时期，丈夫犯清议，准其妻离异，这是特定时代的情况；丈夫在流放期内，双方不得离异，丈夫移乡编管，准其妻改嫁；丈夫外出三年或六年不归，听妻改嫁；军人之妻犯罪，军人可以离异。离婚的妇女可以携带自己的妆奁。

（十四）古代的胎教

中国古代很早就实行胎教，所谓胎教，即胎儿教育，指孕妇在怀孕期内要注意身体保健以及外界环境对孕妇思想情绪的影响。因为这些影响通过孕妇的内心活动会对胎儿发生作用。目的明确、措施得当地实行胎教，以便少生先天性的痴呆儿童，多生育智、体俱佳的儿童，提高人口素质，这对于家庭、民族和国家的繁荣昌盛具有重要的意义。

史书记载，胎教开始于西周。周文王的母亲太任和周成王的母亲邑姜都被后人誉为实行胎教的典范。

据说，太任"有娠，目不视恶色，耳不听淫声，口不出傲言，能以胎教"，使周文王具有优良的素质。后来，周成王的母亲邑姜"妊成王于身，立而不跛，坐而不差，独处不倨，虽怒不言"（《大戴礼记》）。她们这些胎教方法受到后代

三、中国封建制的聘娶婚及其仪式

政治家、教育家、思想家和医学家的重视和研究。

西汉贾谊在《新书》中有"胎教杂事"的记述，南北朝梁人颜之推的《颜氏家训》中有"胎教之法"和"教儿婴孩"的内容。唐代著名诗人元稹根据周成王的业绩总结出"未生胎教，既生保教"的经验，强调胎儿教育与幼儿教育不可偏废。

中国古代医学家也从医学原理出发，分析和阐述了实行胎教的合理性。如《黄帝内经》就提出预防"胎病"的问题。宋代名医陈自明在《妇人大全良方》中有"胎教论"，说明"胎教产图之书，不可谓之迂而不加信"的道理，以引起人们的重视。中国古代胎教的思想，大致有以下三方面的内容。

（1）重视孕妇身体的保健，及其精神状态和心理活动的调和。按古代胎教的说法，孕妇与胎儿在生理气质上具有"气类潜通，造化密移"的连锁反应。如果孕妇"调心神，和情性，节嗜欲""庶事清静"，保持良好的精神状态和清静的心情，将对胎儿形成积极的影响，"生子皆良""聪慧无疾"（孙思邈《千金方》）。反之，如果孕妇情绪波动很大，喜怒无常，就会使胎儿患疾。《黄帝内经·奇病论》说的"胎病"，就是因孕妇"有所大惊"，精神受到刺激，"气上而不下，精气并居，故令子发出癫疾也"。所谓"癫疾"，就是胎儿大脑引起的疾病。

东汉思想家王充在《论衡·气寿篇》中用元气论来解释胎儿的发育与其禀受母体元气的厚薄有直接的利害关系。这里说的"元气",指母亲的精神、生命力的本原。他说:"其(胎儿)禀气渥则其体强,气薄则其体弱。体弱则命短,命短则多病寿短。始生而死,未产而伤,禀气之薄弱也。"同时,他还通过妇女的多育与少育作对比,说明多育对子嗣的危害。"妇人疏字(孕)者子活,数乳者子死,何则?疏而气渥,子坚强;数而气薄,子软弱也。"

王充认为,妇女多育会增加她的思想负担,"怀子而前已产子死,则谓所怀不活",孕妇的内心忧虑不安,将危及胎儿的生命,或是"气薄而不能成",或是"虽成人形体,则易感伤,独先疾病,病独不治"。

中国古代医书对这些现象从病理学上作出如下的解释:"子在腹中,随母听闻。"因此,要求孕妇的生活要有规律,心情要和悦。不然,"过喜则伤心而气散,怒则伤肝而气上,思则伤脾而气郁,忧则伤肺而气结,恐则伤肾而气下。母气既伤,子气应之,未有不伤者也"。它说明孕妇的喜怒无常,使胎儿的官能受到损害,会形成"盲聋暗哑,痴呆癫痫"(《古今图书集成医部全录》卷四〇一)等疾病。

(2)重视孕妇饮食的调摄。孕妇在怀孕期间的饮食是否得宜,对于胎儿的发育有很大的影响。古代医书中指出孕妇在饮良上要忌食五种"邪味",这就是"酸多则伤肝,苦多则伤心,甘多则伤脾,辛多则伤肺,咸多则伤肾"。并提出孕妇"食兔短唇,食犬无言,食杂鱼而癣疥"的警告,并把螃蟹、生姜、鲜肉、兔肉、犬肉列为孕妇的禁忌食品。

（3）重视外界环境对孕妇的影响。古代医书中有所谓"外象而内感"（巢元方《诸病源候论·妊娠候》）的说法,认为孕妇生活在安宁、平静的环境,多接触外界美好的事物,就能对胎儿进行"潜移默化"的影响,使他得到健康的发育。明代医生万全说,妇女怀孕后,应"常处静室,多听善言,令人诵读诗书,陈说礼乐,耳不听非言,目不观严事",这样才能生育出聪明、健康的子女。如果让孕妇在恶劣的环境中生活,让她去听嘈杂的声音,看丑恶的现象,这些外界刺激就会通过母体为中介,使胎儿遭到伤害,产生不良的后果。他还以见证人的口吻说："吾见鄙俗妇人怀胎时,看搬傀儡、装神像、舞猴戏者,后来生子,貌多肖之"（《古今图书集成医部全录》卷四○一）,用来强调外界条件给孕妇带来坏的影响,会使胎儿受到伤害。

以上所述,经过现代医学的验证,表明它具有很多合理的成分,含有一定的科学性。比如,胎儿在母体中生长到两个月后，他的脑细胞便发展迅速，大脑机能逐渐形成。他对于母体传来的各种音响的反应也较敏感。孕妇起居正常，心情愉快，将有利于胎儿的身心发育。

其次，孕妇的饮食调理得当，她便可以从饮食中摄取足够的蛋白质和其他营养素，促进胎儿大脑皮质的发展，生育出健全的儿童。如果孕妇不忌饮食，多吃肥甘厚味和辛辣煎爆的食品，由于这些食品富于刺激性，便会导致胎儿发育不良，变成智力低下的儿童。

再次，有些医生和科学家通过科学实验，证明胎儿乐于接受轻柔、委婉的音乐，而不愿意接受尖、细、高调的音响。前者有利于形成胎儿良好的性格和气质，后者对胎儿的神经产生刺激作用，伤害胎儿智力的发展。

中国古代的胎教是在长期封建社会中形成发展的。它除具有上述的合理内容外，也掺杂有大量封建糟粕和唯心的解释，对于后天环境与教育对人的决定性的影响尤缺乏认识。

从实行胎教的范围来看，只有统治阶级对它比较重视，并且有条件对孕妇的起居饮食加以调理。而胎教对于广大劳动人民来说，就很难实行了。如蒲松龄在《聊斋志异》中所写的"农妇"，是一个"以贩陶器为业"的劳动妇女，她在分娩之后，便将"婴儿绷卧"，照常劳动。所谓"未生胎教，

三、中国封建制的聘娶婚及其仪式

既生保教"，对这些妇女是无法做到的。

据一篇题名《面对民族繁荣的忧虑》一文披露，中国每年将有三十多万先天残疾儿降生，其中有三分之一根本不能存活，而三分之二虽能存活下来，但他们的生活却不能自理。之所以会产生这些畸形儿，除了近亲结婚的原因外，另一重要原因是人们忽视胎教造成的。

（十五）古代的房中术

所谓房中术是中国古代讲述男女性知识的方术，又称"阴阳交接之术""男女合气之术"和"还精补脑术"等。它是伴随人类家庭婚姻所遇到的性关系问题期待解答而产生的一种指导知识。

《汉书·艺文志》录有"房中"八家。如《容成阴道》、《务成子阴道》，就把容成公和务成子说成是黄帝或尧的老师，而且他们寿命都很长。除去对他们杜撰的成分，说明房中术的起源是很久远的。从战国以后，方士将房中术带入帝王的宫廷，由于统治者淫佚过度而产生种种流弊，人们自然要寻求解决的办法。《汉书·艺文志》说："房中者，情性之极，至道之际。是以圣王制外乐以禁内情，而为之节文。传曰：'先王之作乐，所以节百事也。'乐而有节，则和平寿考。及迷者弗顾，以生疾而陨性命。"可见，房中术要求男女在性生活中应处理好宣泄与节制的关系，才能避免"生疾而陨性命"的恶果，达到"和平寿考"的最佳效果。方士的房中术与道教的养生、健身和成仙的心理有相通之处，当方士向道教徒转变的过程中，房中术也被纳入道教方术之一。有趣的是，一些女信教者在道教著作中竟被描绘成得到房中术秘传的典型。

东晋人葛洪和南朝人陶弘景是道教中的两个著名人物。他们属于允许入道者可以过家庭婚姻生活的教派，自然不能回避两性关系。所以，在他们的著作中对于原来为"真人口口相传，本不书也"的房中术就要发表议论，使我们对这种秘术能够知其一二。葛洪在《抱朴子·微言篇》中说："御女多多益善，如不知其道而用之，一两人足以速死耳。"因此，他指出，人们在性交之际，应该"收视归心"。意思是当事人要把自己的注意力从日常耳闻目睹的淫邪现象转移到夫妻间的性生活中来，这样才不致伤害身体。陶弘景在《养性延命录》中也说："房中之事，能生人，能煞人。譬如水火，知用之者，可以养生，不能用之者，立可死矣。"

在他们看来，房中术的核心是掌握"节宣"的要领，或称"还精补脑"术。

三、中国封建制的聘娶婚及其仪式

葛洪在《神仙传》说:"但知房中闭气,节其思虑,适饮食,则得道也。"这里说的"节其思虑",就是上面说的"收视归心"的意思。他在《抱朴子·微旨篇》又说:"人不可以阴阳不交,坐致疾患。若欲纵情恣欲,不能节宣,则伐年命。善其术者,则能令人老有美色,终其所享之天年。"他认为,成年男女不过性生活便会导致疾病的产生,如果性生活漫无节制,就要丢掉性命。只有善于"节宣"的人不仅可以使自己年轻貌美,而且可以长寿。他在《积滞篇》中也强调"节宣"的重要性:"阴阳不交,则坐致壅阏之病,故幽闭怨旷,多病而不寿也。任情肆意,又损年命。惟有得其节宣之和,可以不损。"

陶弘景对男子性交不能"节宣"造成的危害讲得发人深思。他在《御女损益篇》中说:"俗猥精动欲泄,务副彼心,竭力无厌,不以相生,反以相害。或惊狂消竭,或癫痴恶疾,为失精之故。"它的意思是,庸俗下流的人为了博取对方的欢心,放肆地纵情耗精,不能因此养生,反而因此种下祸根。有的得了惊狂症、糖尿病,有的患下疯癫病、痴呆病和麻风、梅毒等恶疾。

由此可见,他们讲的所谓"节宣",指男女性交时,要把思想集中起来,静默不语,控制精液速泄,无形之中使大脑得到休息。这大概就是他们把房中术称为"还精补脑"的原因。

陶弘景还提出一些性禁忌。例如，酒醉饭饱时不宜交接，忍着小便交接会生淋病，或使小便困难、茎中疼痛，大风恶雨、雷电交加之夜，大寒、大暑之日，以及人们在思想情绪波动很大的时候，都不宜行房中之事。这些性禁忌与道教的寡欲原则是一致的。

葛洪、陶弘景的教派允许信教者过家庭婚姻生活，却没有规定教徒必须实行一夫一妻制的戒律。同时，从他们讲述的彭祖传说来看，他们并不反对多娶妻妾。彭祖是何许人？葛洪的《神仙传》说他是帝喾时代的人，一直活到殷朝，任大夫之职。由于他精通房中术，殷王派彩女向他学习房中秘术。彭祖向彩女说他"丧四十九妻"而得房中术。彩女回去将此术传授给殷王，"行之有效"，殷王要独享此术，"欲杀彭祖以绝其道，彭祖觉焉而逃去"。后来，殷王因"不能戒妖淫"而亡。

历史上有不少沉溺于房中术的人大多是好色之徒，纵欲无度，不能实行"节宣之和"，而成了短命鬼。

道教讲的所谓"节宣之和"，用今天的话说，就是保持性生活和谐的意思，包含着他们对人类性生活的经验教训的探求，其中具有符合科学的成分。

（十六）婚龄大小与人口自然增长率

婚龄的大小对人口数字的涨落有直接的影响，这是一个规律和现象，也是促进或延缓社会发展的一个重要因素。先秦时期，关于婚龄差数问题，已存在两种不同的观点。

一是儒家提出的"男三十而娶，女二十而嫁，有故，二十三而嫁"的晚婚说。《周礼·地官·媒氏》称："媒氏掌万民之判。凡男女自成名以上，皆书年、月、日、名焉，令男三十而娶，女二十而嫁。凡娶，判妻、入子者皆书之。仲春之月，令会男女。于是时也，奔者不禁。若无故而不用令者，罚之；司男女之无夫家者而会之。""判"，是"判合"，即后世的结婚证。"入子"旧注以为指媵制的娣、侄，恐非，当指赘婿而言。这段话说明"媒氏"主管婚姻的职权范围，以及保留着的原始群婚遗俗。

儒者把晚婚伪托是孔子的倡导，《尚书·大传》引"孔子曰：男三十而娶，女二十而嫁，通于纤织纺绩之事……不若是，则上不足以事舅姑，而下不足以事夫养子"。认为女子达到这个年龄，才会纺纱织布，做针线活儿，成为夫家的劳动力，男子到"而立"之年，才能立足于社会。这是从治家处世能力立论的。班固的《白虎通义》说："男三十筋骨坚强，任为人父；女二十肌肤充盈，任为人母。"他从生理学的角度来解释晚婚有益于人体的健康。

墨子则提倡"男二十而娶，女十五而嫁"的早婚说。《墨子·节用上》说：统治者"去无用之费"，虽然可以减少社会财富的浪费，但要使社会财富成倍地增加，必须加速人口增殖，才能办到。他说："丈夫年二十毋敢不处家，女子年十五毋敢不事人，此圣王之法也。"他主张把成婚年龄提前，认为平均三年生一子，十年就能多生出两三个子女，人口增加，社会财富就能成倍增长。墨子只看到增加人力可以提高社会生产力，却忽视了人口的消费也要同时增加，人口消费大于生产力的创造，就会使社会贫困化，而不是使生活更富裕。

墨子的早婚说为统治阶级的人口政策提供了理论依据。据史书记载，齐桓公令男二十而室，女子十五而嫁；越王勾践令男二十而娶，女子十七而嫁；秦国男子十五岁服兵役，说明男子十五岁也是成婚年龄。汉乐府的"十五从军征"，已成为习惯法。儒、墨两家对于婚龄虽有不同的看法，但是它们也有一个相同点，即男女婚龄的差距在"五年"与"十年"之内，不能无限度地扩大。因为"老夫小妻"，或"老妇士夫"是"过以相与"，或"亦可丑也"（《易·大过》），被视为不正常的婚配关系。清代人宋生对老翁娶少女提出强

三、中国封建制的聘娶婚及其仪式

烈的谴责:"男女貌相当,青春配偶,最为乐事……最可恨者,垂白之夫,怀拥少艾,以彼晚景,误彼芳春,无论心理难安,即引镜自照,岂不相对无色?"(《蓼溪文集·平生数愿》)

统治阶级实行"十五而娶","十五而生子"的早婚,在于"人君之早有储贰",使财产、权力后继有人。但要在劳动群众中推行早婚政策,必须给他们提供适当的生存条件。

在历史上,大凡朝代更迭、战争胜负、政治治乱、疆域盈缩和土地关系的变化,都能影响到人口的升降。一般说来,每个王朝的初期和后期是人口发展的低谷,而在每个王朝的兴盛时期便会出现人口发展的高峰。梁启超曾对历史上的人口数字做出如下的估计,"东汉初视全盛得三分之一,宋初视唐盛得四分之一,清初视明盛得三分之一"。

由于"丁口"是国计军防的主要负担者,统治阶级为了巩固政权的需要而提倡早婚,鼓励人口增殖。一旦人口膨胀,与小农经济的承受能力发生严重矛盾,过剩的人口就会变成人为的大灾难,称为"人满之患",社会的大动乱也就随之到来。

秦王朝通过长期的兼并战争统一六国,全国人口不足二千万口。再经秦末农民战争和楚汉战争,加之人口流徙,到汉初全国人口只剩下六百万口。西汉统治者为了医治战争创伤，恢复和发展生产，对人口增殖实行奖惩结合的政策。如汉惠帝六年（前一八九）诏令"女子年十五以上至三十不嫁，五算（收五倍人头税。汉律，算，人头税，一百二十钱）"。同时，政府减轻赋税征收，到汉景帝时，由十五税一减为三十税一。在这种政策刺激下，民间出现了"男年十五而娶，女年十四而嫁"的早婚、早育现象。《汉书·王吉传》说："世俗嫁娶太早，未有人父母之道而生子，是以教化不明而多夭。"早婚加速了人口增殖的频率，因而在汉平帝元始二年（公元二），全国人口陡增至五千九百五十九万余口。人口比汉初增加八倍多，耕地面积增加十五六倍，平均每人有耕地四点八亩，仅可得温饱。低于这个比数，劳动人民将陷入饥寒境地。

唐朝初年的情况与汉初相类似。唐太宗于贞观元年（六二七）下诏："令男二十，女十五以上无家者，州县以礼聘娶。"唐玄宗时，又诏令"男年十五，女年十三"为法定婚龄。因此，在开元十四年（七二六），全国人口又上升至四千四十余万口（《唐会要·户部进计账》）。

宋代以后，司马光的《书仪》，以及封建政府的婚律规定"男年十六，女年十四"为成婚年龄。但从《宋史·列女传》的记载来看，这些女子一般在十七八岁结婚，只有个别的人是在十四岁出嫁的。可见，书面规定的婚龄与实际情况并不

三、中国封建制的聘娶婚及其仪式

符合。

明代科学家徐光启在《处置宗禄查检边饷议》一文中提出"每三十年人口增长一倍"的人口概率,受到有识者的重视。但是,他的人口预测并没有产生什么社会反响。明宣宗曾与群臣讨论历代户口增减的原因,其结论是:"其盛也,本于休养生息。其衰也,由土木干戈。"(《明史·食货志》)历代封建王朝利用"休养生息"政策一味鼓励人口增殖,却不顾人口控制,这几乎成了一种历史的惯性。

满族入主中原后,康熙五十二年(一七一三)颁发了"据五十年丁册定为常额,增生人丁,永不加赋"的诏书。雍正初年,又实行"摊丁入亩"的新经济政策,使"丁徭与地赋合二而一"(《清史稿·食货志》)。劳动人民承担的赋役减轻,人口的增殖便呈直线上升。乾隆六十年(一七九五)全国人口由康熙五十年(一七一一)的二千四百六十二万猛增至三亿一千三百二十八万。仅八十五年,全国人口就增加二亿八千八百六十六万。到光绪年间,全国人口已突破四亿大关,造成人口与土地的比数逐代递减。有人统计,康熙时为五点九八亩/人——乾隆时为四点二五~三点七五亩/人——嘉庆道光为二点一九亩/人——同治时为二点七八亩/人——光绪时为一点九八亩/人。这种地少人多的矛盾日趋尖锐，随时可能引起爆炸。

鸦片战争前夕，汤鹏在《浮邱子》卷一七指出，当时人口问题已经非常严重，"今者多浮民，农不过十之三四"。"浮民"即被迫失去土地而无生计的农业流动人口，汪士铎鉴于"人满为患"，主张实行男子二十五以上而娶，女子二十以上而嫁，后又改为"三十而娶，二十五而嫁"的晚婚说。他认为耕地面积不增加，人口却一代比一代多，就必然一代比一代穷。人口绝对过剩"驱人为农，无田可耕，驱人为业，无技需人"，势必"不为乱不止"。此外，他还提出节制生育和应用经济制裁的办法，以减少人口的增殖（《乙丙日记》）。

中国古代缺乏男女人口比例的精确统计，《汉书·地理志》只有粗略的记载。当时全国九州中只有冀州（五男三女）、雍州（三男二女）男多于女，其余七州都是女多于男。男女之比为二十：二十七。由于这个原因，所以汉代经常发生溺杀女婴的事件。

潘光旦先生在《中国之家庭问题》中根据一些医院妇产科的统计资料说，胎儿降生时，一般是男多于女。女为一百，男为一百零三～一百零六。在婴儿一两岁的生长期中，男婴的死亡率却高于女婴。女为一百，男为一百一十～一百四十，发生女多于男的生长趋势。

三、中国封建制的聘娶婚及其仪式

早婚和盲目增殖人口,以及人多地少的矛盾,成为依赖于土地的中国农业经济无法克服的历史惯性。它是促使清朝走向灭亡的重要社会原因一之一。

出版后记

中华文明源远流长。在漫长的历史岁月中，我们中华民族创造了辉煌灿烂的文化成就，践行着自己朴素而真诚的人生和社会理想，追寻着具有鲜明特色的伦理价值和审美境界，展示出丰富、生动、深邃的思想智慧。在很长一段时间内，中国文化在世界文明体系中居于领先地位，其影响力和感染力无比强大，从而在铸就中华民族独特灵魂的同时，也为人类文明的发展和进步作出了重要的贡献。

明清之际，由于复杂的原因，中国社会没有能够有效地完成转型，逐步走向封闭和衰落。鸦片战争的失败，更使中国面临数千年未有之变局，使中华民族沦入生死存亡的艰难境地。为了救国于危难，当时的仁人志士自觉不自觉地把目光投向西方，投向西学，并由此对中国传统文化进行了激烈的批判。从洋务运动、戊戌变法，一直到五四新文化运动，

出版后记

在近代中国救亡图存的历史语境中,传统文化的观念和形态,常常被贴上落后、愚昧的标签,乃至被指斥为近代中国衰落和灾难的祸根,就连汉字和中医这样与国人生命息息相关的文化形态,也受到牵连和敌视,被列入需要废除的清单。对本民族文化的这种决绝态度,在世界各民族的历史上都是罕见的,它既反映了我们中华民族创新发展的非凡勇气,也从一个重要侧面,印证了中华传统文化的顽强和深厚。

今天,历史已经走进 21 世纪,我们中华民族经过不懈的努力和奋斗,迎来了快速发展的良好机遇,国家强盛、民族复兴的曙光就在前方。在这样的时候,在这样的历史背景下,重温我们民族的辉煌、艰难历史,重新认知我们民族的优秀文化和高贵传统,不仅是一种自然的趋势,也是一项庄严的历史使命。理由很简单,我们中华民族要在全球化的背景下真正实现伟大复兴,必须具有足够的凝聚力和创造力,必须具有强烈的自尊心和自信心,而这一切,离不开对本民族优秀文化基因的认同和感念,离不开对优秀传统的继承和弘扬。从这个意义上说,中国传统文化是不绝的源泉,是清新而流动的活水。我们组织出版《中国文化经纬》系列丛书,正是为了汲取丰富的精神滋养,激发我们前行的力量。

本书系计划出版 100 卷,由著名的中国文化书院组织编写，内容涵盖中国传统文化的各个方面和层级，涉及文学、历史、艺术、科学、民俗等多个领域，力求用通俗易懂的语言，用较少的篇幅，使广大读者对中国历史文化有较为全面的认识，对中国精神和中国风格有较为深切的感受。丛书的作者均为国内知名专家，有的是学界泰斗，在国内外享有盛誉，他们的思想视野、学术底蕴和大家手笔，保证了丛书的学术品质和精神品格。

这是一套规模宏大、富有特色的中国传统文化读本，这是专家为同胞讲述的本民族的系列文明故事，我们期待您的关注和阅读，也等待您的支持和批评。

中国书籍出版社
2015 年 9 月

中国文化经纬·第一辑

从黄帝到崇祯：二十四史 / 徐梓 著
华夏文明的起源 / 田昌五 著
孔子和他的弟子们 / 高专诚 著
老子与道家 / 许抗生 著
墨子与墨学 / 孙中原 著
四书五经 / 张积 著
宋明理学 / 尹协理 著
唐风宋韵：中国古代诗歌 / 李庆 武蓉 著
易学今昔 / 余敦康 著
中国神话传说 / 叶名 著

中国文化经纬·第二辑

敦煌的历史与文化 / 宁可 郝春文 著
伏尔泰与孔子 / 孟华 著
利玛窦与徐光启 / 孙尚扬 著
神秘文化的启示：纬书与汉代文化 / 李中华 著
中国古代婚俗文化 / 向仍旦 著
中国书法艺术 / 陈玉龙 著
中国四大古典悲剧 / 周先慎 著
中国图书 / 肖东发 著
中国文房四宝 / 孙敦秀 著
中印文化交流史 / 季羡林 著